KB122844

평생 공부를 결정짓는 초등 5학년 책 쓰기 공부의 모든 것

초등 5학년 공부, 책 쓰기가 전부다

"나는 무언가를 제대로 알고 싶을 때 책을 쓴다.
책을 쓰다 보면 내가 무엇을 알고 무엇을 모르는지가
명확히 드러난다. 집필 과정에서 나 또한 배워가는 것이다."
_ 예일 대학교, 샹커 교수

"읽기는 쓰기의 기초이며 쓰기는 읽기의 연장이다.
읽기와 쓰기는 본래 하나이며 서로 보완하는 개념이다.
양쪽 모두 균형 있게 공부해야 좋은 성과를 거둘 수 있다."
_ 마크 트웨인

평생 공부를 결정짓는 초등 5학년 책 쓰기 공부의 모든 것

초등 5학년 공부,
책 쓰기가
전부다

김병완 지음

플랫폼연구소

• • •

책 쓰기 습관이
아이의 인생을 바꾼다

"책 쓰기 시작하는 순간, 아이의 지능이 높아진다."

아이의 진짜 공부가 시작되는 초등 5학년,
공부 잘하는 아이로 만드는 최고의 도구, 책 쓰기!

책 쓰기 습관이 아이의 인생을 바꾼다.

한국에는 공부를 잘하는 아이들은 많고, 석, 박사들도 넘쳐난다. 하지만 학문 분야에서 노벨 수상자가 상대적으로 매우 적다. 그 이유는 무엇일까? 공부는 잘하는데, 학문 분야에서 최고의 권위이자 최고가 받는 노벨상은 받는 사람이 적다.

한국의 교육과 미국과 선진국 교육의 가장 큰 차이는 무엇일까?

그것은 의외로 많은 이들이 간관하고 있는 분야에서 발생한다. 그것은 바로 독서가 아니다. 그것은 바로 책 쓰기다.

미국과 같은 최강대국은 책 쓰기를 평생 가르친다. 초등학교 때부터 하버드 대학교 대학원까지, 평생을 책 쓰기를 가르치고 책 쓰기를 배우고 연습한다. 이런 나라의 학생과 책 쓰기를 전혀 가르치지 않는 한국의 학생들은 아무리 공부를 잘한다고 해도 분명 보이지 않는 격차가 생긴다.

세상을 알게 되고, 진짜 공부가 시작되는 초등 5학년에게 최고의 공부는 읽기가 아니다. 독서의 한계를 뛰어넘어야 한다. 그것이 바로 책 쓰기 공부다. 아이의 진짜 공부가 시작되는 초등 5학년 때, 책 쓰기 습관을 만든다면, 그 아이의 장래가 매우 밝아진다.

독서에 너무 편중된 한국의 교육 시스템은 문제가 많다. 독서는 읽고 이해하는 수동적이고 일차원적인 평면적인 사고력만 향상한다. 독서에만 편중된 교육은 이해하고 암기하는 평면적 공부에 치중한다. 그래서 공부를 잘하는 아이들도 스스로 생각하고 해결하고 창조하는 힘은 매우 약하다.

아이들이 책 쓰기 습관을 기르고, 책 쓰기 공부를 하게 된다면 어떻게 될까? 입체적 사고력이 향상되고, 스스로 생각하는 힘이 길러지고, 문제 해결력과 창의성이 발달한다.

책만 제대로 쓸 수 있다면 평생 공부는 떼 놓은 당상이다. 책만 제대로 쓸 수 있다면 어디에 가도 지도자가 될 수 있고, 자신의 의사를 분명하게 표현할 수 있고, 복잡하게 얽힌 인생의 문제 앞에서 현명한 답을 찾아낼 수 있을 뿐만 아니라 세상과 모든 문제와 과제들을 입체적으로, 다각적으로 바라볼 수 있는 입체적 사고력 덕분에 남들과 차원이 다른 혁신과 해결을 할 수 있게 된다.

그것이 책 쓰기의 힘이다. 그것이 평생 공부의 힘인 것이다.

초등 5학년 공부는 책 쓰기가 전부다. 초등 5학년, 책 쓰기 습관이 평생 공부를 결정짓고, 인생을 바꾼다.

오늘부터 당장 책 쓰기 시작하라. 책 쓰기를 하는 아이와 전혀 하지 않은 아이는 생각부터 다르고, 표현력과 사고력 자체의 수준과 차원이 달라진다. 일차원적인 평면적인 사고에만 익숙해져 있는 독서에 편중된 공부에서 벗어나, 다차원적인, 입체적인 사고를 할 수 있는 책 쓰기 공부를 시작하라.

책 쓰기가 독서보다 열 배 이상 강력한 사고 훈련이기 때문이다. 책을

6

잘 쓰는 아이는 독서만 하는 아이보다 더 쉽게 더 빨리 더 입체적으로 더 차원 높게 공부를 잘할 수 있다. 공부의 으뜸은 책 쓰기이기 때문이다.

한국은 책 쓰기 후진국이었다. 하지만 이제부터 한국은 책 쓰기 강국으로 도약할 것이다. 우리 아이들에게 책 쓰기 습관을 길러주자. 책 쓰기 습관을 지닌 아이들은 충분히 세계적인 리더로 도약할 수 있는 무기를 하나 평생 가지고 있는 것과 다름없다.

책 쓰기 습관이 우리 아이들의 인생을 바꾼다. 책을 쓰기 전과 후, 아이들은 전혀 다른 사람이 되고, 전혀 다른 인생을 살아가게 된다. 책 쓰기의 힘은 상상 그 이상이다. 명심하자. 실천하자.

CONTENTS

PART 06 | 초등 5학년 책 쓰기, 인생을 바꾼다

PART 07 | 아이들을 위한 최소한의 글쓰기 비결

"배우기만 하고 생각하지 않으면 어리석어지고,
생각하기만 하고 배우지 않으면 위태로워진다."
(學而不思卽罔 思而不學卽殆, 학이불사즉망, 사이불학즉태)

- 논어, 공자

PART
01

초등 5학년, 아이의 진짜 공부 인생이 시작된다

세상에 눈을 뜨는 시기

. . .

우리 아이가 초등 5학년이라고 만만하게 생각해서는 안 된다. 5학년
이면 이제 세상에 눈을 뜨는 시기다. 모든 것을 어른과 똑같이 생각하고,
행동할 수 있는 시기다.

인류는 늘 발전을 거듭해왔다. 우리가 초등학생이었을 때와 전혀 다
르다. 지금의 아이들은 성장이 더 빠르다. 부모 세대가 세사에 눈을 뜨는
시기가 중고등학교 때였다면, 지금 우리 아이들은 초등학교 때다.

물론 초등학교 1학년일 때는 세상이 무엇인지 잘 모를 때다. 하지만
초등학교 5~6학년은 얘기가 달라진다. 충분히 세상이 어떤 곳인지, 서서
히 눈을 뜨기 시작하는 나이다.

이런 중요한 시기에 책만 읽는 아이와 쓰기를 하는 아이가 있다면, 그 두 아이의 미래는 어떻게 달라질까? 상상만 해도 그 격차는 엄청나게 벌어질 것을 우리는 알 수 있다.

세상에 눈을 뜨는 이 시기에 이해하고 주입하는 지식 확장형 공부, 즉 독서 편중의 공부만 시키는 나라에 사는 아이와 능동적으로 세상을 관찰하고 사고하고 해답을 스스로 찾아가는 주도적인 공부를 하는 나라에서 사는 아이는 지금 당장은 차이를 잘 알 수 없지만, 나이가 들수록 격차가 더 벌어지고, 그 차이가 확연하게 나타나게 된다.

독서 편중의 공부는 수동적이고, 소극적이고, 타인이 사고하고 공부한 것을 그대로 수용하는 공부다. 하지만 책 쓰기 공부는 능동적이고, 자발적이고, 자기 주도적이며, 스스로 사고하고 스스로 하는 공부다.

세 살 적 버릇이 여든까지 간다. 수동적인 공부, 주입식 공부, 지식 확장형 공부만 하는 아이의 사고 습관은 그대로 평생을 간다. 그래서 세상에 눈을 뜨는 시기에 스스로 생각하는 습관을 기르는 아이가 될 필요가 있다.

인생에서 가장 중요한 첫 시기가 초등학교 5학년이다. 초등학교 5학년은 가장 과도기적 시기다. 초등 5학년 때 쓰기 습관을 기르고, 스스로 생각하는 힘을 기른 아이는 중, 고등학교 공부가 두렵지 않다. 오히려 흥

미진진해진다.

하지만 초등 5학년 때 수동적인 공부만 한 아이는 평생 수동적인 공부만 해야 한다. 한 번 형성된 습관은 쉽게 바뀌지 않기 때문이다.

독서에 관한 연구와 독서에 대한 찬양은 차고 넘친다. 그리고 그 이야기는 모두 다 사실이다. 인정한다. 독서를 하기 전, 후 아이들은 전혀 다른 사람이 된다.

단 6분의 독서로 심장박동이 낮아지고, 근육의 긴장이 이완되며, 스트레스 수치가 68%까지 떨어진다. 필자도 이 말이 사실이라고 확신한다. 필자도 3년 1000일 도서관 생활을 하면서 정말 많이 경험한 진실이다.

세상과 타인에 대한 분노로 폭발 직전까지 갔던 위험한 사람도, 사업 실패로 절망과 후회로 가득한 채로 자포자기한 사람도, 과거의 화려한 성공을 경험했지만 더는 패배자가 되어 삶의 희망을 버린 사람도, 도서관에서 30분만 독서를 하면, 전혀 다른 사람이 되고, 모든 상처가 힐링이 되면서, 세상에서 가장 희망적인 사람이 되고, 용기가 있는 사람이 되고, 행복한 사람으로 바뀐다.

이것이 독서의 기적이다. 독서를 하면 인간의 뉴런과 시냅스는 자극을 받고 없던 길도 새롭게 형성이 된다. 뇌 속의 신경들이 재구성되고, 뇌는 창조적인 사고를 할 수 있는 뇌로 변신한다. 좋다. 사실이다.

하지만 책 읽기에 관한 연구와 그것에 편중된 연구 결과만이 넘쳐난다. 책 읽기가 이 정도라면, 아이들이 책을 쓸 때 어떤 변화와 성장이 일어날까?

아직 제대로 연구하고 발표한 그런 논문이나 책은 거의 없다. 책 쓰기에 대해서 너무 등한시했기 때문이다. 필자는 3년간 만 권의 책도 읽었고, 10년 동안 100권의 책도 썼다. 즉 책 읽기와 책 쓰기, 두 가지를 모두 경험한 사람이다. 필자처럼 독자이면서 저자이기도 한 사람은 흔치 않을 것이다.

또한, 필자는 8년 동안 500명에게 책 쓰기를 직접 가르치면서 그 변화와 성장을 직접 목격한 책 쓰기 코치이면서, 동시에 5000명에 독서법을 직접 가르치면서 독서를 통한 변화와 성장을 직접 본 독서법 코치이다.

책 읽기와 책 쓰기에 대해 양쪽 모두 경험한 흔히 않은 사람으로서 정확히 말할 수 있다. 필자의 생생한 경험과 필자 자신의 변화와 성장을 모두 통합하여 다음과 같은 결론을 끌어낼 수 있었다.

'책 쓰기가 책 읽기보다 열 배 이상 더 강력한 변화와 성장을 끌어낸다. 책 쓰기가 책 읽기보다 더 강력하고 더 효과적일 뿐만 아니라 사고력, 문제 해결력, 창의력, 상상력, 표현력, 세상을 보는 안목 등을 퀀텀 점프 시킨다.'

우리는 지금까지 너무 독서, 독서, 독서만 강조했고, 독서에 관한 연구만 했다. 책 쓰기에 대한 효과와 기능에 관해서는 연구하지 않았다. 그 이유는 무엇일까? 책 쓰기가 전업 작가들만의 전유물이라고 생각했기 때문이다. 즉 책 쓰기가 독서의 기능을 대체할 것이고, 일반인들이 자기계발과 공부를 위해 책 쓰기라는 도구가 사용될 것이라고 전혀 예측도, 생각도, 상상도 못 했기 때문이다.

하지만 필자는 감히 독서가 책 쓰기에 의해 대체될 것으로 생각하는 최초의 사람일 수도 있다.

우리 아이들에게 책 쓰기를 하게 한다면, 정말 얼마나 높게 크게 성장하고 도약할 것인지는 도저히 상상할 수도 없을 것이다. 이렇게 강력한 공부 도구가 있다면, 이렇게 효과적인 공부 도구가 있다면, 우리 아이들에게 추천하지 않는 것은 죄악이 아닐까?

세상에 대해 눈뜨는 시기에 책만 읽는 아이와 책을 쓰는 아이는 하늘과 땅 차이만큼 다른 세상을 살게 된다.

지적 능력이
폭발하는 시기

• • •

인생을 살면서 지적 능력이 최초로 폭발하고 도약하는 시기가 바로 초등 5학년이라고 할 수 있다. 초등 1학년은 처음이라서 아무것도 모를 나이다. 하지만 초등 5학년은 초등학생이 된 지 5년이 지난 시기이며, 중학생이 되기 전 2년 전의 과도기적 시기다.

초등 5학년은 지적 능력이 폭발하는 시기다. 중학생이나 고등학생은 성장의 시기이고 변화의 시기다. 하지만 초등학교 5학년은 가장 중요한 시기다. 평생 공부가 결정되는 시기이고, 인생에서 가장 지적 활동이 처음으로 왕성해지는 시기다.

인생에서 최초로 지적 호기심이 왕성한 시기다. 이때 독서만 하는 아이와 책 쓰기도 하는 아이는 엄청나게 큰 격차가 발생한다. 이때 책 쓰기 습관이 아이의 인생을 바꿀 수 있다.

　일본의 경우이지만, 일본의 아이들이 어휘력 증가량을 나이별로 발표한 '아동 및 청년의 어휘량 발달표'를 보면, 나이가 많아질수록 어휘량도 증가하는 것이 아니라, 초등학교 5학년 때인 12세 때 가장 많이 어휘량이 증가한다는 사실을 우리는 알 수 있다.

연령	어휘량 증가	연 증가량
7	6,770	0
8	7,971	1,201
9	10,276	2,305
10	13,878	3,602
11	19,326	5,448
12	25,668	6,342
13	31,240	5,572
14	36,229	4,989

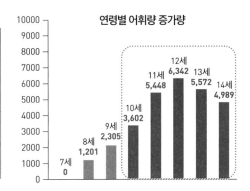

◀ 아동 및 청년의 어휘량 발달표 중에서, 사카모토 이치로 ▶

　이 발달표를 보면 나이가 많아질수록 어휘량 증가량도 계속 비례해서 증가하는 것이 아니라, 가장 왕성하게 어휘량이 증가하는 나이는 12세라는 사실을 알 수 있다. 이것이 의미하는 것은 이때 지적 호기심이 폭발하고, 지적 능력이 최초로 폭발하는 시기라는 사실이다.

　이때 독서만 하는 아이와 책 쓰기까지 하는 아이는 전혀 달라진다. 수준과 차원이 달라진다.

일차원에서 아무리 뛰어도 2차원과 3차원을 뛰어넘을 수 없다. 하지만 4차원에서 뛴다면, 우리는 쉽게 시간과 공간을 뛰어넘을 수 있다. 물리적으로는 그것이 힘들겠지만, 사고의 세상에서는 가능하다.

입체적 사고를 한다는 것은 결국 수준 높은 사고력을 의미한다. 입체적 사고가 얼마나 큰 힘을 가졌는지, 입체적 사고의 대가가 누구인지에 대해서는 2장에서 이야기를 하겠다.

평면적 사고에만 익숙해져 있는 우리 아이들과 입체적 사고에 익숙해져 있는 선진국 아이들의 혁신과 창의성이 나이가 들수록 큰 격차를 보이는 이유도 바로 이것이다.

상상력과 사고력이
물꼬를 트는 시기

· · ·

초등 5학년은 상상력과 사고력이 어휘력과 함께 가장 왕성한 인생 최초의 시기다. 상상력은 지식을 이해하고 암기하는 것보다 훨씬 더 중요하다. 인류 역사상 최고의 과학자인 아인슈타인은 이런 이야기를 한 바 있다.

"나는 교과서에 있는 지식을 외우지 않는다. 오직 새로운 것을 상상할 뿐이다."

그렇다. 책에 있는 지식을 이해하고 암기하는 공부는 진짜 공부가 아니다. 그런데도 한국은 아직도 암기하고 이해하는 공부, 독서에 편중된 공부만 하고 있다. 더 효과적이고 더 나은 공부가 있다는 것은 상상도 하지 못한 채 말이다.

'상상력과 사고력이 물꼬를 트는 초등 5학년 시기에, 가장 좋은 공부는 누군가의 지식을 암기하고 이해하는 공부, 수동적으로 지식과 아이디어를 주입하는 독서에 편중된 공부가 아니라, 스스로 새로운 지식과 아이디어를 만들고 창조하는 공부, 능동적으로 문제를 해결하고 개척하는 공부인 책 쓰기 공부이다.'

초등 5학년은 새로운 인생과 세상을 경험하는 최초의 지적 시기다. 지금 당장 차이보다 눈에 보이지 않지만, 서서히 격차를 만드는 그런 차이를 중요시해야 한다. 탁월한 전략이 미래를 창조한다.

우리 아이들에게 독서 편중의 공부만 하도록 하는 것은 탁월한 전략이 아니다. 이미 한국의 교육 시스템은 문제가 많다는 사실이 입증되었다. 심지어 일본의 교육보다 못한다. 일본이 한국의 현재 교육 시스템을 만든 장본인임에도 말이다.

미국의 교육 시스템은 천재를 창조하는 시스템이라면, 한국의 교육 시스템은 천재성을 말살하는 교육 시스템이다. 획일화되게 만들고 평준화시키는 교육이다. 천재들도 한국에서 교육을 받으면 평범해진다.

세계적인 천재들인 아인슈타인이나 워런 버핏이나 빌 게이츠나 레오나르도 다 빈치가 한국에서 태어나 한국의 교육을 받았다면, 이들 모두 평범한 사람이 되었을 것이라고 나는 생각한다. 아무리 천재로 대성할 사람이라도 초등학교 때 어떤 교육을 받느냐에 따라 인생이 달라질 뿐만 아니라 천재로 도약할 수 있을지 아닐지 결정되기 때문이다.

초등 5학년 시기에 책 쓰기 습관을 형성한 아이들의 상상력과 사고력은 상상을 초월할 정도로 도약한다. 책 쓰기가 가져다주는 힘과 영향을 아는 사람은 많지 않다. 학교의 교사들도, 대학교 교수들도, 아이들을 평생 가르치고 교육을 연구하는 교육 전문가들도 마찬가지다.

이들 모두는 책 쓰기를 해 본 적이 없거나, 혹은 책을 쓴 경험이 있다고 해도, 한두 권이 고작이기 때문이다. 심지어 책을 수십 권 출간한 사람이 간혹 있다고 해도, 이들은 책 쓰기를 연구하고 전문적으로 공부한 적이 없는 사람이기 때문이다.

책을 수십 권 이상 쓴 경험이 있으면서 동시에 책 쓰기에 대해서 다방면으로, 다각적으로 공부하고 연구한 사람이 있다면, 이 사람이 책 쓰기의 기능과 영향에 관해서 이야기하는 것에 대해 신뢰성이 높아질 것은 자명하다.

책 쓰기를 한 번도 해 본 적이 없는 사람, 책 쓰기에 대해서 연구하고 공부를 한 적이 없거나 짧은 사람이 책 쓰기에 관해서 이야기한다면 그것은 로마에 가본 적도 없는 사람이 로마에 관해서 이야기하는 것과 같다.

필자는 10년 동안 100권 이상의 책을 직접 집필하고 출간한 경험이 있고, 책 쓰기에 대해서 연구하고 공부를 전문적으로, 직업적으로 한 사람이다. 그래서 책 쓰기가 가져다주는 영향과 기능에 대해서 남들보다 더 많이, 더 자주, 더 깊게 연구하고 공부할 기회를 얻었고, 실제로 그렇게 했던 사람이다.

초등학생이 책 쓰기 습관을 형성하고, 책 쓰기를 하게 된다면, 그 아이는 반드시 세계적인 리더나 학자가 될 것은 분명하다. 책 쓰기는 독서보다 열 배 더 강하면서, 다차원적으로 사고하는 힘과 폭넓게 상상하는 힘을 길러주는 최고의 공부이다.

오랫동안 천재들의 삶과 공부를 연구해왔다. 우리 선조들의 평생 공부법에 관해서도 연구하고, 세계적인 공부 천재들, 공부의 대가들을 연구하면서 진짜 공부가 무엇인지 연구해왔고 관련 공부 책들을 많이 출간했다.

그런 연구와 공부의 최종 결론은 아니지만, 지금까지 공부의 중간 결론은 책 쓰기가 독서보다 열 배 이상 더 강력하고, 더 입체적인, 더 차원 높은 공부의 기술이라는 점이다.

책 쓰기 습관을 들이기에
가장 좋은 시기

. . .

    독서 습관을 들이기에 가장 좋은 시기는 초등 1학년이다. 하지만 책 쓰기 습관을 들이기에는 아직 지적 능력이 부족한 시기다. 그러므로 기다려야 한다. 물론 아이 중에 조금 똑똑하고 지적 능력이 뛰어난 아이라면 책 쓰기 습관을 들여도 좋다. 하지만 일반적이면 필자가 추천하는 책 쓰기 습관을 들이기에 가장 놓은 나이는 초등 5학년이다.

    초등 5학년은 책 쓰기 습관을 들이기에 가장 좋은 시기다. 지적 능력이 최초로 폭발하는 시기이며, 상상력이 물꼬를 트는 시기이기 때문이다. 이 시기는 중학생이 되기 2년 전이면서 초등학생이 된 지 5년이 된 시기이다.

    초등학생으로 이제 고학년이면서, 중학생이 될 압박에서 약간 벗어난

시기이다. 이때 책 쓰기 습관 하나만 제대로 길러도 초등학교 5학년 공부
는 성공이다.

초등 5학년이 끝날 즈음, 아이의 책 쓰기 습관이 제대로 길러져 있다
면, 평생 공부를 잘할 가능성이 매우 클 뿐만 아니라, 인생을 성공적으로
살아갈 확률이 매우 높다.

책 쓰기 습관은 인생의 성공을 결정짓기 때문이다. 습관의 힘에 대해
서는 누구나 다 알고 있다. 가장 정확하게 알고 있는 사람은 아리스토텔
레스가 최초인 듯하다. 그는 이런 말을 한 바 있다.

"우리가 반복적으로 행하는 것이 우리 자신이다. 그렇다면 탁월함은
행동이 아닌 습관인 것이다."

그렇다. 우리가 습관으로 반복하는 것이 우리 자신이다. 예술가는 예
술 창작 활동을 반복한다. 그것이 예술가의 정의다. 책 쓰기 습관을 기른
아이들은 평생 책을 쓰면서 살아갈 것이다. 그렇게 된다면 그 아이의 인
생은 일반인의 수준에 머물지 않는다는 것은 확실하다.

그 아이의 인생의 수준과 차원이 달라지고, 성공과 행복의 길이 있다
면 바로 책 쓰기 습관이다. 더 확실한 것은 책 쓰기 습관을 지닌 아이는
자신의 삶을 주도적으로 해결하며 창조하며 개척하며 살아갈 삶의 주인

이 될 수 있다는 사실이다.

책 쓰기 습관은 지혜로운 부모가 자녀에게 줄 수 있는 가장 큰 선물이 아니다. 지혜로운 것을 뛰어넘어 탁월한 부모만이 자녀에게 줄 수 있는 최고의 큰 선물이다. 많은 지혜로운 부모조차도 독서에 편중된 공부에 대한 의식만 있기 때문이다.

독서를 아무리 잘하는 아이가 되고, 독서를 아무리 많이 한다고 해도 준전문가에 불과하다. 진짜 전문가는 그 책을 쓴 사람이기 때문이다. 이제 한국의 교육도 달라져야 한다.

책을 읽고 이해하고 암기하는 그런 공부보다는 책을 직접 쓰고 창조하고 퍼뜨리고 이끄는 그런 공부를 해야 한다. 그것을 단번에 가능하게 해 주는 것이 책 쓰기 공부이며 책 쓰기 혁명이다.

어떤 분야에 관해서 100권의 책을 읽으면 준전문가는 될 수 있다. 하지만 100권의 책을 읽은 사람보다 단 한 권의 그 주제에 관한 책을 쓴 사람은 진짜 그 분야의 전문가로 단숨에 도약할 수 있다.

우리 아이가 책 쓰기 습관을 지니고 있다면 평생 그의 공부는 다른 아이들보다 수준과 차원이 다른 공부를 할 수 있을 것이다. 필자는 베스트셀러인 [공부에 미친 사람들]이란 책을 출간한 적이 있다.

이 책은 공부에 관한 책이지만, 다른 공부 책과 다르다. 즉 공부에 대해 차원과 수준이 다른 공부 책이라고 많은 독자가 평가를 해 주었다. 공부의 거인들이 마지막에 도달한 최고의 경지가 무엇이며, 3000년 인류 지성을 이끈 동서양 공부 천재들의 공부법에 관해 이야기했던 책이다. 관심이 있다면 꼭 읽어보길 추천한다.

예스24 강력추천도서이기도 하고, 유명한 강사가 추천해 준 책이기도 하다. 공부 천재들의 숨겨진 공부의 진짜 비법이 궁금한 독자라면 이 책을 강력하게 추천한다. 이 책에는 공부 천재들의 공부비법뿐만 아니라 유대인과 핀란드인과 인도인의 공부법에 대해서도 다루고 있다.

남다른 수준 높은 공부로 세상을 바꾸고 이끌고 선도하고 있는 민족들의 숨겨진 공부법도 알 수 있다. 그런데도 책 쓰기 공부가 최고의 공부라는 결론을 최근에 내렸음을 솔직하게 고백하고자 한다. 책 쓰기 공부로 조선 시대 최고의 실학자가 된 선비가 바로 다산 선생이다. 다산 정약용 선생은 다른 선비들과 다르게, 반드시 초서라는 책 쓰기 습관을 지니고 있었던 선비다. 그 덕분에 18년 동안 500여 권의 책을 집필하는 엄청난 학문적인 성과를 창출한 대학자가 될 수 있었다.

우리 아이들에게 책 쓰기 습관을 길러주면 세계적인 학자가 될지도 모른다. 명심하자.

독서만으로는
부족한 시기

• • •

　독서 공부에 편중된 한국의 교육 시스템에 대해 우리는 다시 한번 검증을 해야 한다. 지금까지 한국의 교육을 통해 위대한 학자나 과학자가 많이 배출되지 못한 것은 사실이다.

　한국의 교육 시스템이 바뀐다면 더 많은 세계적인 학자나 과학자들이 많이 배출될 수 있을지도 모른다. 한국의 교육은 주입식 교육이다. 누군가가 힘들게 만들어놓은 지식과 아이디어를 그대로 수용하고 이해하고 암기하는 위주의 교육이다.

　그리고 이런 교육을 잘하기 위해서는 독서를 잘하면 된다. 그래서 독서에 치우친 교육 시스템이다. 독서에 편중된 교육은 큰 부작용을 만든다.

가장 큰 문제는 아이들이 생각하지 않고, 배우기만 한다는 것이다. 배우기만 하는 것이 왜 큰 문제일까? 배우기만 하는 것의 문제점에 대해 공자가 일찍이 경고한 바 있다.

"배우기만 하고 생각하지 않으면 어리석어지고,

생각하기만 하고 배우지 않으면 위태로워진다."

(學而不思則罔 思而不學則殆, 학이불사즉망, 사이불학즉태)

– 논어, 공자

배우기만 하고, 생각하지 않으면 어리석어진다는 문제가 있다. 하지만 이것보다 더 큰 문제가 있다. 배우기만 하면 세상을 혁신할 수도 없고, 개척해 나갈 수도 없다. 배우기만 하므로 한국에는 세계적인 혁신가가 많이 나오지 않은 것이다.

배우고 또 배우고, 배우기만 하는 한국의 교육 시스템과 다른 곳이 있다. 바로 미국과 핀란드다. 이 두 나라는 배우고 또 배우기만 하는 독서 편중화된 교육이 아니라 생각하고 또 생각하는 교육을 하는 곳이다. 그 덕분에 미국은 세계 최강국이 될 수 있었고, 핀란드는 변방의 작은 가난한 나라에서 부자 나라로 도약할 수 있었다.

독서만으로는 부족하다는 사실을 명심해야 한다. 독서는 수동적으로 읽고 이해하면 된다. 그것이 독서의 가장 큰 특징이다. 하지만 책 쓰기는 그 반대다. 책 쓰기는 절대 수동적으로 이해만 한다고 해서 할 수 있는 차원의 것이 아니다. 책 쓰기는 반드시 능동적으로 문제를 발견하고, 그 문제를 해결해야 한다. 그 과정에서 스스로 생각하는 힘이 강력해진다.

스스로 생각하는 훈련을 하게 해 주고, 그 과정을 통해 우리 아이들은 수동적, 주입식 교육에서 벗어나, 능동적, 스스로 생각하고 창조하는 교육을 할 수 있게 된다.

미국에서는 초등학교 때부터 에세이 쓰기를 매우 체계적으로 교육을 한다. 심지어 미국의 명문대 입학을 위해서 필요한 것은 에세이 쓰기와 자기소개서다.

한국 교육의 가장 큰 문제는 독서에 너무 편중되어 있다는 점이다. 남이 힘들게 공부하고 연구하고 만든 공식과 지식을 남들보다 잘 읽고 이해하고 암기하는 사람 위주로 성적이 좋아진다. 덕분에 암기 잘하고, 이해 잘하는 친구가 성적이 좋아서 결국 좋은 학교에 입학하게 된다.

읽기만 하는 아이와 책 쓰기를 하는 아이의 차이는 무엇일까? 지금 당장은 그 차이가 나오지 않을 수 있지만, 갈수록 격차가 심해진다. 읽기만 잘하는 아이, 독서에 편중된 공부만 한 아이는 스스로 생각하고, 해결하고, 창조하는 힘이 부족하다. 하지만 책 쓰기도 한 아이들은 스스로 생각하는 힘이 강해지고, 창조하고, 해결하는 문제 해결력이 강해진다.

한국 사회는 오직 독서만 강조한다. 독서만 잘하면 된다고 말한다. 한국 사회에서 성공하기 위해서는 그것만 해도 충분했다. 하지만 이제는 아니다. 지식 정보화 시대에서 이제는 창조와 감성의 시대로, 인공지능의 시대로 빠르게 급변하고 있다. 이런 시대적 변화와 함께, 세계화가 빠르게 되고 있다.

더 중요한 이유는 좀 더 나아가 우리 아이들이 세계적인 학자와 과학자, 리더로 도약하기 위해서는 독서에 편중된 교육으로는 한계가 있다. 우리 아이들에게 책을 쓰게 하면, 스스로 생각하고, 해결하고, 창조하는 힘을 기를 수 있고, 세계적인 학자와 리더로 도약할 수 있다.

초등 5학년은 인생에서 가장 중요한 시기다. 세상에 눈을 뜨기 시작하는 시기이며, 지적 능력이 폭발하는 시기이자, 상상력과 사고력이 물꼬를 트는 시기이다. 이때 아이들은 엄청난 사고 훈련을 해야 한다. 이때 주입식 공부만 시키면, 사고력은 평생 기를 펴지 못하고 살게 된다.

우리가 다 알다시피. 한국의 교육은 천재성을 말살하는 교육 시스템에 가깝다. 천재가 될 수 있는 아이조차도 한국에서 교육을 받으면, 획일적이고 편협한 사고를 하게 된다. 그 이유가 바로 교육 시스템에 있다. 그리고 한국의 교육 시스템을 지금까지 이끌고 온 대표적인 공부가 바로 지식 확장형 공부, 즉 읽고 이해하고 지식을 습득하는 수동적인 공부인 독서 공부였다.

독서 공부에서 이제 벗어나야 한다. 한국이 세계를 이끄는 초강대국이 되기 위해서도, 우리 아이들이 훨씬 더 나은 인생을 살기 위해서도 독서 공부에서 벗어나 끊임없이 창조하는 책 쓰기 공부를 해야 한다.

이 시대는 산업화 시대를 넘어, 지식 정보화 시대를 넘어, 창조의 시대며 인공지능의 시대다. 지식 정보화 시대에는 지식을 남들보다 더 많이 습득한 사람이 전문가였고, 평생 먹고 살 걱정을 하지 않아도 되었다. 지식을 많이 습득한 사람이 남들보다 더 돈도 잘 벌고 잘 살았다. 하지만 창조의 시대에는 지식 습득이 아닌 남과 다른 새로운 것을 잘 만드는 사람이 돈도 잘 벌고 잘 사는 시대다.

이런 시대에 필요한 것은 사고력과 상상력이고, 창의성이다. 이제는 지식 습득이 주된 목적인 독서로는 한참 부족한 그런 시대가 되어버렸다. 이제는 책 쓰기가 대세인 시대가 되었다.

시대를 변화를 빨리 감지하고 변화를 시도한 사람이 결국에는 승자가 되고 지도자가 된다. 과거의 시대, 100년 동안 지속한 독서 편중의 시대가 이제 끝났다. 이제는 책 쓰기 시대다.

마크 트웨인은 이런 말을 한 적이 있다. 우리는 너무 읽기만 아이들에게 가르친 것은 아닌가? 자문해 보아야 한다.

"읽기는 쓰기의 기초이며 쓰기는 읽기의 연장이다. 읽기와 쓰기는 본래 하나이며 서로 보완하는 개념이다. 양쪽 모두 균형 있게 공부해야 좋은 성과를 거둘 수 있다."

"전문가가 책을 쓰는 것이 아니다. 책을 쓰면 전문가가 되는 것이다.
성공한 사람이 책을 쓰는 것이 아니다. 책을 쓰면 성공한 사람이 되는 것이다.
자신을 넘어선 사람이 책을 쓰는 것이 아니다. 책을 쓰는 사람이 자신을 넘어
서는 것이다."

_ 김병완 (김병완의 책 쓰기 혁명 중에서)

책 쓰기는
아이의 지능을
높인다

입체적 사고가
가능해진다

• • •

한국의 기업가 중에 최고의 혁신가이자, 한국의 기업 수준을 세계 초일류로 도약시킨 인물이 바로 이건희 회장이다. 이건희 회장이 직원들에게 강조하고 또 강조한 것은 바로 '생각 좀 하며 삽시다.'라는 주문이었다.

남들이 생각하지 않을 때, 이건희 회장은 생각하고 또 생각했고, 그 덕분에 대한민국 역사상 최고의 기업가로 스스로 도약을 했고, 삼성이라는 작은 구멍가게를 아시아 최고의 기업으로 성장시킬 수 있었다.

이건희 회장은 25년 만에 삼성을 132배 성장시켰다. 기적에 가까운 성장이다. 그가 삼성을 초일류로 만들 수 있었던 비결은 입체적 사고 때문이었다.

"오늘날처럼 모든 환경이 초음속에 비견될 정도로 급변하는 상황에서, 같은 사물을 보면서 여러 각도에서 살펴보는 입체적 사고가 우리 모두에게 필요하다고 본다. 입체적 사고가 습관이 되면 일석이조가 아니라 일석오조가 가능하다."
- 〈이건희 에세이. p39〉

이건희 회장의 입체적 사고를 잘 알 수 있는 에피소드가 있다, 바로 영화와 관련된 에피소드다.

영화를 감상할 때 보통 사람들은 대개 주인공에게 치중해 보게 된다. 생각이 보통 일차원적인 사고에 익숙하기 때문이라고 할 수 있다. 주인공의 처지에 흠뻑 빠지다 보면 자기가 그 사람인 양 착각하기도 하고, 그의 애환에 따라 울고 웃기도 한다. 그런데 이건희 회장은 자신을 조연, 감독이라고 생각하면서 영화를 본다. 조연뿐만 아니라, 등장인물 각자의 입장에서 본다는 것이다. 그래서 영화에 출연하는 모든 등장인물의 입장이 되어 보고, 영화에 나오는 모든 사람의 인생을 느껴보고, 그 입장에서 생각을 해 본다는 것이다.

그것도 부족해서 이건희 회장은 아예 영화를 제작하는 감독을 비롯한 카메라맨의 입장이 되어 보고, 다양한 위치에서 두루 생각하면서 본다는 것이다. 그렇게 두루 입장을 바꾸어 가면서 다양한 생각을 하면 또 다른 감동을 맛보게 된다는 것이다. 바로 이런 습관을 통해 이건희 회장은 입체적 사고의 대가가 될 수 있었고, 한국의 기업을 세계 초일류 기업으로 도약시킨 유일무이한 기업가가 될 수 있었다. 입체적 사고의 대가였던 이건희 회장은 대한민국 최고의 혁신 기업가가 되어, 삼성을 아시아 최고의 기업으로 도약시켰다.

일반인들은 그저 생각 없이 화면만 보고, 영화를 감상한다. 그렇게 되면 영화는 움직이는 그림에 불과하지만, 이건희 회장처럼 여러 각도에서 보면 한 편의 소설, 작은 세계를 만나게 되는 것이기 때문에, 다양한 세상과 입체적인 사고를 할 수 있게 되는 이점이 있다.

입체적 사고를 하려고 하면, 처음에는 무척 힘들고 어렵다는 점이 사실이다. 그러나 그것이 습관으로 굳어지면 입체적으로 생각하는 '사고의 틀'이 만들어지며, 그 덕분에 음악을 들을 때나 미술작품을 감상할 때, 또 일할 때도, 심지어 공부하거나 논문을 쓸 때도, 회사에서 프로젝트를 할 때도, 연구하거나, 새로운 것을 창조할 때에도, 어떤 문제를 해결할 때에도, 새로운 차원에서 남들이 전혀 생각지도 못한 것을 생각할 수 있게 된다. 이것이 입체적 사고의 가장 큰 유익이다. 더 나아가서 사물의 본질을 꿰뚫어 볼 수 있는 다각적 사고력이 생기게 된다.

한국인들이 교육에 대한 열정은 세계 최고이지만, 학문 분야에서 노벨상 수상자들이 많이 배출되지 못한 이유는 바로 일차원적인 사고, 평면적인 사고에 익숙하기 때문이다. 이건희 회장처럼 입체적 사고를 할 수 있게 된다면 이야기는 분명 달라질 것이다. 아이의 미래도 달라질 것이고, 한국의 미래도 그렇게 될 것이다.

이건희 회장의 입체적 사고를 알 수 있는 그에 대한 어록과 이야기를 조금 더 살펴보자.

"기업의 위상이 근본적으로 변화하는 시기에는 외관상 난삽하기 이를 데 없는 표피적 변화를 꿰뚫고 사물의 본질을 포착할 수 있는 능력이 요구된다. 나는 사물의 본질은 그것에 대하여 최대한 다각적으로 접근할 때 가장 분명하게 드러날 수 있다고 생각한다."
- 〈강준만, [이건희 시대] 90〉

"경영이 무어냐고 묻는 사람들이 많다. 그럴 때마다 나는 '보이지 않는 것을 보는 것'이라고 답하면서 경영이든 일상사든 문제가 생기면 최소한 다섯 번 정도는 '왜'라는 질문을 던지고 그 원인을 분석한 후 대화로 풀어야 한다고 덧붙인다.
그리고 자기중심으로 보고, 자기 가치에 의존해서 생각하는 습관을 바꾸라고 권한다. 한 차원만 돌려 상대방의 처지를 생각하면 모든 것이 다르게 보이기 때문이다.
그런 의미에서 오늘날처럼 모든 환경이 초음속에 비견될 정도로 급변하는 상황에서는 같은 사물을 보면서도 여러 각도에서 살펴보는 '입체적 사고'가 우리 모두에게 필요하다.

입체적 사고가 습관이 되면 '일석이조'가 아니라 '일석오조'가 가능하다. 나무를 심을 때 나무 한 그루만 심으면 그 가치는 몇십만 원에 지나지 않지만, 나무가 모여 숲을 이루면 목재로서뿐만 아니라 홍수 방지, 공해 방지, 녹지 제공 등 여러 효과를 거두게 되고 재산 가치도 커진다. 나무를 심더라도 숲을 생각하는 것, 이것이 입체적 사고이자 소위 일석오조인 것이다."

- 〈이건희 에세이. p39〉

"내가 그룹의 임직원들에게 본질적 사고, 입체적 사고를 강조하는 것도 이러한 까닭이다. 사물의 본질을 알지 못하면 주체적인 삶을 살 수 없다. 언제나 수동적인 겉도는 존재로 남고 만다. 가령 지하철을 타더라도 그 운행 원리를 알지 못하면 그것을 타는 것이 아니라 그것에 '태워지는' 것에 불과하다. 삶이란 언제나 그러한 것이다. 나는 어려서부터 수없이 많은 물건을 구매하여 뜯어보았다. 그 속을 보고 싶었기 때문이다. 나는 이러한 일을 누구보다도 많이 하였다고 자부한다. 이러한 활동을 통하여 나는 사물의 외관이 던지는 의문에 대하여 겉모습뿐 아니라 그 이면까지도 들여다보는 훈련을 받을 수 있었다.

그것의 변화 가능성, 전체적인 문맥에서 갖는 의미 등을 여러 각도로 생각하는 것이다. 물론 이것이 본질에 이르는 유일한 방법은 아니겠지만 적어도 유력한 방법은 된다고 믿는다. 그래서 지금도 나는 TV를 세 번 이상 재미있게 보고도 TV 수상기의 내부에 관심이 없는 사람이라면 훌륭한 경영자라 할 수 없다고 생각한다. 이와 같은 다각적 사고를 나는 공간적 사고 또는 입체적 사고라 부른다. 입체적 사고의 훈련은 거의 초인적인 노력을 요구하는 과정이지만 나는 이 같은 노력을 모든 경영자에게 요구한다."

– 〈귄터 뷔르텔레 편, 연기영 옮김, [21세기의 도전과 전략: 세계정치, 경제 지도자 26인의 미래예측과 그 대안] 밀알, 1996.242~243〉

뛰어난 리더나 학자들은 모두 입체적 사고를 한다는 사실을 아는가? 위대한 예술가 역시 입체적 사고를 한다는 사실을 발견한 사람이 있다. 바로 로버트 루트번스타인이다.

그는 자신의 책 [생각의 탄생]을 통해 아주 놀라운 이야기를 우리에게 들려준다. 네덜란드 화가인 피에트 몬드리안의 말을 인용하여 조소나 디자인을 잘하기 위해서는 감상자의 위치에 구애받지 않아야 하며 여러 사람이 동시에 감상하는 것을 고려해야 한다고 말하는데, 바로 이것이 여러 각도에서 사물을 살펴보는 입체적 사고이다.

위대한 리더, 위대한 학자, 위대한 조각가나 건축가, 위대한 디자이너, 위대한 발명가가 될 수 있는 사람들은 놀랍게도 입체적 사고를 하는 사람이다. 그들은 다각도의 관점에서 사고하는 능력을 갖추고 있다.

우리는 독서에 편중된 공부 시스템에 익숙하므로 여러모로 생각하는 힘이 부족하다. 하지만 사고의 독창성을 기르기 위해, 입체적 사고를 하기 위해 독서만으로는 부족하다는 사실을 이제는 자각해야 한다.

세상의 많은 문제를 차원적으로 분석하고, 입체적 투영을 하면서 해결해 나가는 이런 입체적 사고 문제 해결력을 우리는 도저히 기를 수 없다. 왜냐하면, 일차원적인 독서에 편중된 공부만 하기 때문이다.

왜 차원적 분석과 투영법이 사고력을 향상하고, 문제 해결력에 큰 도움이 되는 가에 대해서는 로버트 루트번스타인이 아래와 같이 설명한 적이 있다.

"사고의 독창성을 기른다는 취지에서 내가 좀 더 배웠으면 하는 주제들이 있다. 나는 이 중에 두 가지를 말하고 싶은데, 하나는 차원적 분석이다. 물리학자에게 차원적 분석은 연구하는 데 큰 도움이 되리라는 것이 내 생각이다. 왜냐하면, 그로 인해 문제의 핵심에 빨리 도달할 수 있기 때문이다. 또 다른 하나는 투영법인데, 이는 상상력 넘치는 방식으로 데이터를 열거하는 것을 말한다. 지구과학 분야에서 내가 만나본 창조적인 사람은 새로운 유형의 도표와 투영법을 만들어냈을 때 가장 뛰어난 창의성을 발휘했다. 그 도표는 이전의 것들과 완전히 다른 것이었다. 이 두 가지, 즉 차원적 분석과 도표투영법은 대학에서 반드시 배워야 함에도 대부분 그렇지 못하다. 그 이유는 이것들이 쓸모없고 중요하지 않다고 생각하기 때문이다."

- 〈로버트 루트번스타인, [생각의 탄생], 287쪽〉

이런 입체적 사고법을 한국의 교육에서는 절대 배울 수도 없고 훈련할 수도 없다. 그렇다고 지금 당장 한국의 교육 시스템을 바꿀 수도 없는 노릇이다. 그렇다면 우리가 할 수 있는 것은 무엇인가?

바로 책 쓰기를 가르치는 것이다. 우리 아이들이 책 쓰기 시작하면, 입체적 사고력을 기를 수 있다. 세상을 폭넓게 여러모로 바라볼 수 있게 해주고, 보이지 않는 내면을 투영하면서 사고할 수 있게 해 준다. 책 쓰기가 가져다주는 어마어마한 위력 때문이다.

어린 나이에 책 쓰기 시작하고, 책을 쓴 아이들은 모두 성공하고 도약한다. 진짜다. 책 쓰기를 하는 아이들은 입체적 사고의 대가가 될 수 있기 때문이다.

무엇보다 한 권의 책을
쓰게 하라

• • •

초등 5학년, 아이들을 학원에 보내기보다는 차라리 책을 한 권 쓰게 하는 것이 훨씬 더 큰 공부고 이득이다. 아이들이 학원에 다니면, 공부를 조금 더 잘할 수 있게 되지만, 책을 쓰면 인생이 달라지기 때문이다.

책을 쓰는 습관을 형성하면 평생 공부 습관을 형성하는 것과 다름없다. 책 쓰기를 하면, 인생의 수준과 성공의 정도가 달라진다.

독서만 하는 아이와 책을 쓰는 아이의 격차는 나이가 들면 들수록 더 벌어진다. 책을 쓰는 아이는 세계적인 학자나 리더로 도약할 수 있다. 아이들은 쓰는 만큼 성장하고 도약한다.

쓰기를 소홀하게 생각하는 것이 가장 큰 한국 교육의 문제다. 미국과 같은 선진국은 쓰기를 소홀하게 생각하지 않는다. 미국의 하버드 대학교에서 가장 중요하게 생각하는 것이 쓰기라는 사실을 왜 망각하고 있는 거?

한국은 책 쓰기 후진국이다. 하지만 미국은 책 쓰기 선진국이다. 그 격차는 눈에 보이지 않지만, 엄청난 차이를 만든다.

책 쓰기 강국인 미국에서도 최고의 명문대인 하버드대학교에서 가장 많이 신경 쓰는 과목이 바로 책 쓰기이다. 이 사실에 대해서 필자는 이미 이야기를 한 바 있다.

"하버드 대학교 교육학 교수 리처드 라이트는 '똑같은 능력의 하버드생인데도 왜 어떤 학생은 성공적인 대학 생활을 하고, 또 어떤 학생은 실패하게 될까?'라는 의문을 품었다. 그는 16년 동안 하버드 학생 1600명과의 인터뷰를 통해 하버드생들의 대학 생활 성공비결을 밝혀냈다. 그리고 그것을 몇 가지로 요약해서 말했다. 놀랍게도 그중 하나가 바로 '글쓰기에 전념한다.'이다. 그는 글쓰기는 성공의 요점이라고 말한다. 내가 한국에서 대학교에 다닐 때 4년 동안 글쓰기를 한 적이 한 번도 없었다는 것을 생각해 볼 때 무척 놀라운 사실이 아닐 수 없다. 미국의 학생들은 정규 교육 과정에서 이미 쓰기에 대해 배우고 또 배운다. 아마도 이골이 날 지경일 것이다. 그런데 그렇게 배우고 나서도 또 다른 글쓰기의 관문을 통과해야 한다. 대학 입학시험에서 가장 중요한 과목이 글쓰기인 에세이기 때문이다. 대학교에 입학해서도 마찬가지다. 가장 많이 신경을 써야하는 과목이 글쓰기다. "[제2장 책 쓰기는 성장과 변화의 다른 이름이다 : 49~50쪽]

– 〈김병완의 책 쓰기 혁명〉 중에서

대학교에 입학하기 위해서 가장 힘든 과목이 에세이, 즉 글쓰기이고, 대학교에 입학한 후에도 가장 신경 써야 하는 과목이 글쓰기라는 사실은 글쓰기를 한 번도 하지 않고, 가르치지도 않고, 평가하지도 않는 한국의 교육 실정에 충격을 줄 수 있다.

한국은 책 쓰기에 대한 의식과 견해가 너무 짧다. 그래서 책 쓰기 후진국에서 벗어날 수 없었던 것이고, 앞으로 오랫동안 책 쓰기 후진국이 될지도 모른다. 하지만 학원에 보내는 부모보다 책 쓰기를 하도록 이끄는 현명한 부모가 많아진다면 달라질지도 모른다.

무엇보다 한 권의 책을 쓰도록 하는 것이 어떨까? 책 쓰기의 효과와 영향에 대해서는, 그리고 책 쓰기가 왜 최고의 공부인가에 대해서는 필자의 다른 책 [초등 책 쓰기 혁명]이란 책에서 충분히 이야기했다.

책 쓰기가 최고의 공부인 이유를 간단하게 이야기하자면, 책 쓰기를 통해서 우리는 더 차원 높은 공부를 할 수 있기 때문이다. 최고의 학자가 되고, 노벨상을 받은 이들은 책 쓰기를 평생 실천했다. 그들이 책 쓰기를 실천한 이유는 무엇일까? 바로 여기에 있다.

예일 대학교의 샹커 교수의 이 말을 잊어서는 안 된다. 책 쓰기의 최고의 효과를 잘 말해 주는 말이기 때문이다.

"나는 무언가를 제대로 알고 싶을 때 책을 쓴다. 책을 쓰다 보면 내가 무엇을 알고 무엇을 모르는지가 명확히 드러난다. 집필 과정에서 나 또한 배워가는 것이다."

책 쓰기가 최고의 공부인 이유가 바로 이것이다.

학원에 다니면서 파편화된 지식을 무의미하게 쌓아가는 학습은 인간성을 해칠 수 있고, 교육은 점점 더 기능적으로만 치닫게 된다. 하지만 책 쓰기는 인간성을 회복시켜 줄 수 있고, 인간적인 교육이 가능하다. 기계처럼 무의미하게 지식을 암기하는 그런 교육에서 벗어나, 스스로 사고하는 인간을 만들어 준다.

책 쓰기가 가져다주는 최고 장점은 스스로 생각할 줄 아는 인간을 만든다는 점이다. 인공지능이 무서운 것은 스스로 딥 러닝을 통해서 계속해서 더 지능적으로 된다는 점이다. 인간이 만약에 지식만을 확장하는 공부에 매달린다면 인간은 점점 더 멍청해질 것은 자명하다.

스스로 생각하고 스스로 새로운 해결책을 창조하는 사람이 되어야 한다. 그렇게 하기 위해서는 인공지능이 하는 딥 러닝처럼 우리는 스스로 공부해 나가야 한다. 그것을 가능하게 하는 것은 독서가 아니라 책 쓰기다.

더 큰 세상을 보고,
더 큰 인생을 살게 해 준다

• • •

"인간의 가치와 가능성, 창의력을 높여 줄 수 있는 배움이란 무엇인
가? 이를 위해 우리는 무엇을 어떻게 가르치고 배워야 하는가? 뇌
과학의 발달로 지능과 두뇌 활동의 비밀이 밝혀지고 있지만, 현대
사회의 교육은 점점 더 기능적으로만 치닫고 있을 뿐만 아니라 파
편화된 지식을 무의미하게 쌓아가는 학습방법들이 만연해 있다."
- 〈인간은 어떻게 배우는가〉, 하워드 가드너.

초등 5학년은 진정한 공부가 시작되는 시기다. 초등 저학년은 준비운
동이라고 할 수 있다. 초등 5학년은 진짜 공부가 시작되는 첫 시기다. 그
시기에 진짜 공부를 시작해야 한다.

파편화된 지식을 쌓아가는 그런 한국식 교육 시스템에서 벗어나 아이

들이 스스로 생각하고 창조하는 그런 공부를 하게 해야 한다. 그것이 바로 책 쓰기 혁명이며 책 쓰기 공부이다.

한국의 교육은 단답식에 강한 아이를 만들고, 암기와 지식 확장에 능숙한 아이를 만든다. 진짜 공부는 이거와 다르다. 진짜 공부는 주관식에 강해야 하고, 암기와 지식 확장보다는 지식 창조에 강해야 한다.

우리 아이들이 책 쓰기를 하게 된다면, 자기 주도 학습이 저절로 가능하게 된다. 학습의 목표와 범위, 학습의 내용과 방향까지도 모두 스스로 결정할 수 있다는 점이다. 책 쓰기는 완벽한 눈높이 교육이 가능한 공부 도구다.

독서는 누군가의 책을 읽고 이해하는 것이다. 그 누군가의 지적 수준이 자기와 딱 맞는 책을 고르기란 여간 힘든 것이 아니다. 특히 교과서는 수준이 더 높은 것이 사실이다. 하지만 책 쓰기는 다르다. 책 쓰기는 처음부터 끝까지 자신의 수준에 맞게 책을 써야 한다. 그래서 눈높이 교육이 되는 것이다.

초등 5학년, 독서에 편중된 교육하고, 학교 공부를 위해서 학원에만 보내는 그런 공부에는 더는 희망이 없다. 하지만 책 쓰기 공부는 전혀 차원이 다른 공부이며, 어마어마한 인생 혁명이 가능한 공부다.

독서를 혁명이라고 하는 사람은 없다. 너무나 대중화되었고, 누구나 다 하는 것이기 때문이다. 하지만 책 쓰기는 혁명이다. 책 쓰기는 아직 대중화되지 않았고, 누구나 다 하는 것이 아니기 때문이다.

우리 아이에게 책 쓰기 공부를 시킨다면, 그 아이는 남들보다 열 배 이상 앞서 나갈 것이 분명하다.

"책 쓰기는 탁월한 사고력과 상상력과 창의성을 길러주고, 입체적 사고와 놀라운 문제해결 능력을 길러준다. 세상을 내다보는 안목과 통찰력이 뛰어나게 해 준다. 그뿐만 아니라 표현력과 논리력도 향상해 준다. 책 쓰기가 최고의 공부인 이유가 바로 이것이다."

초등 5학년 공부, 책 쓰기가 전부인 이유가 바로 이것이다. 책 쓰기를 한다는 것은 아이들의 지적 호기심을 채워가는 일과 다름없다. 초등 5학년은 지적 호기심이 가장 왕성한 최초의 시기다. 이때 책 쓰기를 하는 아이와 그렇지 못한 아이, 독서만 하는 아이는 격차가 벌어질 수밖에 없다.

"글을 쓴다는 것은 마음을 안정시키고 지적, 예술적 호기심을 채워가는 일이다. 내면 깊숙한 곳에 있는 생각과 느낌을 일기로 표현하면 자신과 대화할 수 있고 편지를 쓰면 소중한 이들에게 다가갈 수 있으며 시, 소설, 에세이, 보고서, 대본 등의 형식을 빌리면 온 세상 사람들과 소통할 수 있다. 어떤 장르든 간에 글은 인간이 고안한 도구 중에서 가장 강력한 영향을 주는 표현 방식이다. 글에서 미학적인 아름다움을 느끼는 동시에 인생의 의미를 깨닫거나 더 나은 삶을 위한 출구를 발견할 수 있기 때문이다."

- 〈글쓰기의 모든 것〉 프레드 화이트 저.

그렇다. 책 쓰기를 하게 되면 세상과 타인에 대한 이해심과 증가하게 된다. 세상을 보는 눈이 깊어지고, 사물에 대한 통찰력이 높아진다. 더 나은 인생을 위한 삶의 기술과 교훈도 스스로 깨닫게 된다. 성공하는 방법과 행복하게 살아갈 수 있는 길을 스스로 찾게 된다. 책 쓰기가 가져다주는 영향은 공부 중에 최고라고 할 수 있다.

초등 5학년이 책 쓰기를 하면, 가장 큰 유익은 자신의 진로를 스스로 결정하는 데 큰 도움이 된다는 점이다. 책 쓰기를 통해서 세상 보는 눈이 정확해지고 넓어지기 때문이다. 스스로 사고하는 힘이 길러지고, 창조성이 높아질 수 있기 때문이다.

아이들은 쓰는 만큼 더 크게 도약하고 성장하고 성공한다. 아이들에게 책 쓰기 습관을 길러주는 부모가 가장 훌륭한 부모다. 이제 독서에 편중된 공부만 가르치는 부모에서 벗어나 좀 더 큰 세상을 아이들에게 보여주는 부모가 되자. 책 쓰기가 독서보다 훨씬 더 큰 세상을 보게 해 주고, 살아나갈 수 있게 해 주는 것은 분명하다.

책 쓰기는 가장 완벽한
전뇌 활동이다

• • •

독서는 좌뇌 중심의 활동이다. 물론 그렇다고 해서 좌뇌만 발달시키지는 않는다. 하지만 한국의 학교 교육 시스템이 좌뇌 중심으로 편중된 것은 사실이다.

책 읽기 자체도 온전한 전뇌 활동이 아니다. 사실 낭독을 하게 되면 전뇌 활동이라고 할 수 있다. 하지만 대부분의 공부와 독서는, 특히 학교에서나 도서관에서 공부할 때 우리가 흔히 사용하는 독서는 부분 뇌 독서가 전부다. 왜냐하면, 묵독하면서 독서를 하고 공부를 하기 때문이다.

특별한 경우가 아니면 공부를 할 때 우리는 묵독으로 한다. 낭독하면 전뇌가 활성화되지만, 묵독의 경우에는 부분 뇌 독서가 된다. 그래서 책 읽기가 전뇌 활동이라고 하는 것은 약간 어불성설이다.

물론 독서를 하면 뇌 신경이 자극되고, 두뇌가 좋아진다. 하지만 이런 영향은 악기 연주를 해도 그대로 나타난다. 독서가 좀 더 많이 나타날 뿐이다.

책을 읽기 전과 후 우리는 다른 사람이 된다. 맞다. 하지만 부분 뇌 독서를 통해 달라지는 것은 전뇌가 아니다. 하지만 책 쓰기는 전혀 다르다. 독서의 효과에 더 강력한 효과가 너무나 많이, 다양하게 추가된다.

독서는 절대 안 되지만, 책 쓰기는 쉽게 되는 것이 있다. 바로 제대로 된 전뇌 활동이 가능하고, 전뇌를 고르게 발전시킬 수 있는 유일한 행위라는 점이다. 이것은 운동이나 악기 연주를 훨씬 뛰어넘는 전뇌 활동이다.

책 쓰기가 가장 뛰어난 전뇌 활동이며, 독서보다 열 배 이상 더 강력한 효과를 내는 이유가 무엇일까?

그 이유 중 하나는 바로 손에 있다. 책을 쓴다는 것은 눈으로만 절대 할 수 없는 행위이기 때문이다. 독서는 대부분 눈으로만 한다. 이 차이는 엄청난 격차를 발생시킨다.

필자가 최근에 출간한 책 중의 하나인 〈초등 책 쓰기 혁명〉이란 책에서 언급한 내용이지만, 여기서 다시 이야기할 필요가 있을 것 같다. 요약하면 이런 내용이다.

손은 아주 특별한 기관이다. 우리 몸의 많은 기관 중에서 가장 특별한 기관이다. 그 이유는 손을 통해 인류의 발전이 가능했기 때문이다. 그 이유는 무엇일까? 바로 손은 외부에 나온 뇌라는 특성이 있기 때문이다. 정확히 말하자면, 손은 대뇌 피질의 가장 많은 부분에 걸쳐서 가장 널리 분포하는 독특한 성격의 기관이다.

손과 관련한 지식 중에 가장 놀라운 지식은 이것이 아닐까? 캐나다의 유명한 신경외과 의사였던 와일드 펜필드(Wilder Penfield)가 만든 호문쿨루스라는 뇌 감각 지도일 것 같다. 그는 대뇌 피질이 위치별로 받아들이는 신체감각이 다른 것에 착안하여 신체감각과 대뇌 피질을 연결한 뇌지도인 '호문쿨루스(Homunculus)'라는 개념의 지도를 최초로 만들었다.

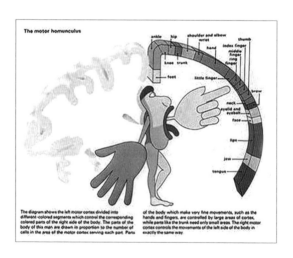

◀ 와일드 펜필드의 호문쿨루스 _ 감각 모형 사진 1 ▶

(참조, 출처: http://nstckorea.tistory.com/407 국가 과학 기술 위원회 공식 블로그)

뇌와 신체감각을 최초로 연결한 지도를 보면 우리 장기 중에 가장 큰 비중을 차지하는 부위가 바로 손이라는 점을 쉽게 알 수 있다. 손과 손가락 부위가 대뇌 피질의 감각 영역과 운동영역에서 가장 많은 부위를 차지하고 있음을 알 수 있다. 결론적으로 손과 손가락을 움직이면 뇌의 가장 많은 부분을 자극하고 활동하게 할 수 있다는 것이다.

손을 많이 사용하는 활동은 바로 이런 이유에서 뇌를 자극하고, 머리를 좋게 만든다. 대표적인 예가 바로 악기 연주다. 악기 연주를 배우면 머리가 좋아지는 이유가 바로 여기에 있다. 젓가락을 사용하는 민족들인 한국, 일본, 중국 사람들이 세계에서 가장 지능 지수가 높은 이유도 여기에 있다.

◀ 와일드 펜필드의 호문쿨루스 _ 운동모형 사진 2 ▶

(참조, 출처: http://nstckorea.tistory.com/407 국가 과학 기술 위원회 공식 블로그)

이 사진을 보면 인간의 손이 우리 몸의 모든 장기보다 더 많이 뇌 영역을 차지하고 있음을 알 수 있다. 손을 사용하는 순간, 뇌의 얼마나 많은 부위가 자극을 받게 되는지 쉽게 이해할 수 있다.

뇌 과학이 발달하기 전에 세종대왕, 정조대왕, 다산 정약용은 모두 직관적으로, 경험적으로 손을 사용하는 것이 뇌를 깨우는 활동이라는 사실을 알았고, 그로 인해 쓰기를 습관화했다. 특히 다산 정약용은 책 쓰기가 습관이 되었고, 초서라는 독서법이자 책 쓰기 기술을 통해 실학을 집대성한 대학자가 될 수 있었다.

이렇게 쓰기를 통해 천재가 된 사람은 또 있다. 레오나르도 다 빈치도 그렇다. 그는 심지어 양손으로 쓰기를 했다. 그러므로 인류 역사상 최고의 천재가 된 것이라고 볼 수 있다. 한 손으로만 사용해서 글을 쓰는 것보다 양손으로 쓰면 훨씬 더 많은 뇌의 전 영역이 고르게 발전하게 되고 자극을 받게 된다..

심지어 괴테 역시 '손은 외부에 나온 뇌'라고 말했다. 그는 이미 이런 사실을 잘 알고 있었다. 위대한 인물들은 모두 알게 모르게 본능과 직관적으로 손이 중요하다는 사실을 인식하고 있었다는 사실을 말해 준다.

명심하자. 독서는 전뇌 활동이 될 수 없다. 묵독하면서 부분 뇌 독서로 전락했고, 손을 사용하지 않고 눈으로만 독서하는 것이 일반화되면서, 더

욱더 뇌를 자극하는 효과가 줄어들었다.

하지만 책 쓰기는 다르다. 한 마디로 책 쓰기는 가장 완벽한 전뇌 활동이다. 책을 쓰기 위해서는 스스로 생각해야 하고, 새로운 문장을 만들어야 하고, 큰 그림을 그릴 줄 알아야 한다. 단어를 사용해서 문장을 만들기 위해서는 좌뇌를 움직여야 하고, 큰 그림을 그리고, 새로운 아이디어를 만들기 위해서는 직관을 사용하는 우뇌를 움직여야 한다.

오늘날 뇌 과학이 발달함에 따라. 뇌에서 일어나는 현상을 영상을 통해 관찰할 수 있게 되었다. 독서를 하면 뇌의 많은 영역이 활성화되는 것은 사실이다. 하지만 이것은 너무 과장되었다. 독서를 아무리 해도 부분 뇌 독서에 그친다는 것이 필자의 주장이다. 독서의 효과를 책 쓰기에 비하면 그 영역이 너무나 작다고 할 수 있다.

책 쓰기를 할 때 기능성 MRI를 촬영해 보면, 독서를 할 때와 비교해서 큰 차이가 있다는 사실을 확실하게 알 수 있을 것이다. 불행하게도 책 쓰기를 할 때 뇌를 촬영한 연구 결과는 쉽게 접할 수 없다. 그 이유는 독서 연구에만 편중되어 있기 때문이다. 독서를 연구하는 사람은 많았고, 그 결과 책을 읽을 때 뇌의 변화와 기능에 대해서는 우리가 잘 알고 있지만, 너무 과장된 점도 없지 않다.

하지만 책 쓰기는 다르다. 책 쓰기의 기능과 효과에 대해서는 제대로 아는 사람도 없을 뿐만 아니라 그 기능과 효과가 너무나 과소 평가되어 있다. 책 쓰기가 진짜 전뇌 활동이라는 사실이 앞으로는 여러 학자에 의해서 곧 밝혀질 것으로 생각한다.

책 쓰기에 포함된 교육학적,
뇌과학적 놀라운 다섯 가지 비밀

• • •

필자는 지금까지 독서법 책을 수십 권 이상 집필하고 출간했다. 그중에는 필자가 창안한 독서법인 [퀀텀 독서법]이란 책도 있고, 우리 선조들의 위대한 독서법인 [초서 독서법]이라는 책도 있다. 전자는 운이 좋게도 예스24, 교보문고, 알라딘 등에서 자기계발 1위를 한 달 이상 차지했다. 후자는 국립중앙도서관에서 자기계발 분야에서 한 해 동안 가장 많이 읽힌 책이 되었다.

초서 독서법은 독서법이면서 동시에 책 쓰기 기술이다. 그래서 필자가 이전에 쓴 책 [초서 독서법]에서 초서 독서법에 포함된 놀라운 다섯 가지 비밀에 관해서 이야기한 적이 있는 데, 그 비밀은 고스란히 책 쓰기에 포함된 다섯 가지 놀라운 비밀과 한 가지를 제외하고 거의 비슷하다. 그래서 그 책에서 쓴 내용을 발췌하여 약간 수정을 했음을 사전에 알린다.

책 쓰기에 포함된 현대 교육학적 요소와 뇌 과학적인 요소를 살펴보면 이것이 독서 공부보다 월등히 강력하고 더 놀라운 공부법이라는 사실을 알게 될 것이다. 책 쓰기에 포함된 다섯 가지 비밀을 살펴보자.

첫째. 메타 인지 학습법이 포함되어 있다.

현대 교육학에서 강조하는 메타 인지 학습법이 우리 아이들이 책 쓰기를 하게 되면 포함되어 있다. 그러므로 책의 내용을 더 심층 이해하고 잘 이해할 수 있을 뿐만 아니라 한 권을 읽어도 엄청난 독서 효과가 있고, 진짜 공부가 가능하게 된다.

메타 인지 학습법은 자신이 무엇을 알고 있고, 무엇을 모르고 있는지를 자기 스스로가 파악하는 활동을 토대로 학습을 해나가는 방법이다. 책을 쓰게 되면, 내가 무엇을 알고 있는지, 무엇을 모르고 있는지를 정확히 알 수 있다.

둘째. 뇌 과학에서 강조하는 장기 기억을 강화하는 최고의 학습법인 인출 작업과 정교화 작업이 포함되어 있다.

공부한 내용이나 책 내용을 기억하기 위해서는 그것들이 장기 기억이 되어야 한다. 그런데 우리 뇌가 장기 기억을 하는 가장 좋은 조건과 방법은 인출 작업과 정교화 작업이다. 그런데 눈으로만 책을 읽고 이해하고 암기하는 이런 독서에 편중된 공부 방식에는 이런 인출 작업과 정교화 작업이 포함되어 있지 않다. 하지만 우리 아이들이 책 쓰기 공부를 하면 인출 작업과 정교화 작업이 다 포함되어 있다.

인출 작업이란 자신이 공부한 것을 다시 끄집어내어 정리하고 기록하는 것을 의미한다. 그리고 정교화 작업이란 공부한 내용을 자신만의 지식과 아이디어로 재창출하는 것을 말한다. 이런 두 가지 활동이 장기 기억을 강화한다는 뇌 과학적 연구 결과가 있다.

책 쓰기는 이 두 가지 활동을 제대로 하는 유일한 공부 방식이다. 특히 책을 쓴다는 것은 자연스럽게 인출 작업을 하게 하지만, 더 중요한 것은 정교화 작업을 끊임없이 하게 해 주는 공부 방식이라는 점이다.

셋째. 뇌 과학에서 중요시하는 손을 사용하는 공부 방식이다.

손을 사용해서 노트에 기록하면서 책을 읽거나 자신의 견해나 소신, 책 내용 등을 기록하면 기억에도 도움이 될 뿐만 아니라 뇌에 각인되고 뇌가 활성화된다. 그뿐만 아니라 뇌 회로가 재구성되고 바뀐다.

다시 말해 손을 사용하면 뇌가 바뀐다. 책 쓰기 공부는 당연히 손을 사용하는 공부 방식이다. 손을 끊임없이 사용해야 한다. 책 쓰기가 뇌를 바꾸는 공부 방법인 이유 중에 하나다.

넷째. 책 쓰기는 자기 주도 학습이 가능하게 해 주는 공부법이다.

책 쓰기는 철저한 자기 주도 학습이다. 자신의 눈높이에 맞게 해야 하고, 책 쓰기의 처음과 끝, 내용과 방법, 주제와 콘셉트 등을 모두 책을 쓰는 저자가 결정하고 선택해야 한다. 즉 책 쓰기 공부는 철저하게 자기 주도 학습이 가능하다.

다섯째. 책 쓰기는 독서의 수준을 뛰어넘어 훌륭한 학습법이기도 하다.

전공 서적을 공부할 때 가장 좋은 학습법이 바로 책 쓰기이다. 책 쓰기 공부법은 조선 시대 최고의 지식인 중의 한 명이고, 조선 시대에 유배지에서 가장 많은 책을 저술한 다산이 가장 좋아했던 공부법이었다.

다산은 18년 동안 500여 권의 수준 높은 책을 저술했다. 그가 두 아들에게 가장 강조한 공부법이 바로 책 쓰기 공부법인 초서였다.

책 쓰기 공부는 이렇게 큰 비밀을 가지고 있는 최고의 공부법이다. 그래서 천재를 만들기에 부족함이 없는 놀라운 기적의 학습법이다. 책 쓰기를 통해 천재로 도약하고, 인생을 극적으로 바꾼 인물들이 수도 없이 많은 이유가 바로 책 쓰기의 놀라운 비밀에 있는 것이다.

"글쓰기는 책 읽기와 본질에서 다르다. 책 읽기는 누군가가 시작한 것에 호응해주는 관객과 같은 역할이다. 하지만 책 쓰기는 내가 무대 위에서 연극을 해야 하는 배우가 되어야 한다. 또한, 그 연극을 전체적으로 만드는 연출자가 되어야 하고, 시나리오 작가가 되어야 한다. 그런 점에서 볼 때, 읽기보다 한두 단계 위에 있는 것이 바로 쓰기다. 바로 이런 차이 때문에 100권의 책을 읽은 사람보다 그 분야와 관련된 책 한 권을 쓴 사람이 더 전문가 대접을 받는 것이다. 이것은 당연한 이치다."

[제2장 책 쓰기는 성장과 변화의 다른 이름이다 : 59쪽]

PART

03

~~~

우리 아이,
책만 잘 써도
인생 공부 성공이다

책 쓰기는
평생 공부 밑천이다

. . .

"천 권의 독서보다 한 권의 저서가 더 낫다."

_ 저자.

나는 이 말을 좋아한다. 내가 한 말이다. 다른 책에 있는지는 모르겠지만, 필자가 가장 강조하는 말이고, 다른 책에 아마 없을 것이다. 왜냐하면, 책 쓰기의 강력한 힘에 대해서 필자만큼 정확히 온몸으로 실제로 경험한 사람은 흔하지 않기 때문이다.

필자는 만 권의 독서를 한 경험이 있고, 백 권의 저술을 한 경험, 두 가지 모두 양쪽의 경험이 있는 사람이다. 이 두 가지 경험 중에 어떤 경험이 지금의 나를 만들었을까?

독자들은 잘 모른다. 남의 인생이기 때문이다. 필자는 잘 안다. 내 인생이고, 내가 직접 경험한 것이기 때문이다. 필자는 분명하게 말할 수 있다. 천 권의 독서보다 한 권의 저서가 더 낫다고 말이다.

그래서 이 말을 다르게 표현하면 이런 표현도 가능하다.

"내 인생을 바꾼 것은 만 권의 독서가 아니라, 열 권의 저서다."_ 저자.

그렇다. 책 쓰기는 내 인생의 든든한 밑천이 되어주었다. 실제로 나의 모든 사업과 비즈니스에서도, 가장 든든한 밑천은 내 이름으로 출간된 책들이었다. 이 책들은 1년 365일, 하루 24시간 연중무휴로 나를 마케팅해 주고 홍보해 준다. 그 덕분에 2015년에 발생한 메르스에도, 2020년에 발생한 팬데믹 코로나 19에도 필자가 운영하는 책 쓰기 학교이자 독서법 학교는 변함없이 잘 되는 기적을 만날 수 있었다.

아무리 큰 불황이 닥쳐도 김병완칼리지 책 쓰기, 독서법 학교는 늘 성장하고 도약을 거듭해왔다. 심지어 미국에서도 독서법 책 쓰기 수업을 듣기 위해 오시는 분들이 많아졌다. 특히 부모님이 먼저 수강하고 나서, 자녀들을 등록시키면서 믿고 맡기시는 분들이 늘어났다. 그렇다. 다른 것에 한눈팔지 않고, 책 쓰기 독서법 코치로 지속해 왔고, 책 쓰기와 독서법에 누구보다 더 큰 열정을 가졌기 때문에 가능한 일이라고 생각한다.

책 쓰기는 우리 아이들에게는 평생 공부 밑천이 된다. 책 쓰기를 하는 아이는 독서만 하는 아이와 수준과 차원이 달라진다. 책 쓰기는 독서의 한계를 뛰어넘게 해 준다.

"백 권의 책을 읽는 것보다 한 권의 책을 쓰는 것이 더 큰 공부 밑천이다."_ 저자.

"백 권의 책을 공부하는 것보다 한 권의 책을 쓰는 것이 더 큰 공부다."_ 저자.

책 쓰기는 한국의 주입식 공부의 한계를 극복할 수 있게 해 주고, 아이들이 평생 공부할 힘과 평생 공부할 수 있는 기술을 기르게 해 준다. 평생 공부하게 해 주는 힘은 바로 스스로 사고하는 힘을 기를 수 있게 된다는 것이고, 평생 공부할 수 있는 기술은 스스로 문제를 만들고, 해결하고, 창조하는 힘과 세상과 타인과 사물을 여러모로 바라보고 사고할 수 있는 입체적 사고의 기술을 의미한다.

이런 기술과 힘은 평생 공부를 거뜬하게 할 수 있게 해 주는 원동력이며, 자본이다. 책 쓰기는 훌륭한 공부 자본이 된다. 하버드 대학교에서 가장 중요시하는 과목이 글쓰기 과목인 이유도 따지고 보면 이것 때문이다.

책 쓰기를 하면 아이가 저절로 자기 주도 학습이 가능해진다. 자기 주도 학습이 되는 순간, 그 아이는 평생 공부를 하게 된다. 평생 공부하고 배우는 사람만큼 현명한 사람은 없다. 평생 공부하는 사람만큼 강한 자도 없다. 우리 아이가 평생 공부를 한다면 믿고 세상에 내보낼 수도 있다.

기존의 공부는 지식을 습득하고, 이해하고 암기하는 공부였다. 이런 공부는 대학교를 졸업하는 순간 절대 할 수 없다. 더는 그런 시험을 치지 않기 때문이다. 하지만 책 쓰기 공부는 인생 공부이다. 책 쓰기 공부는 학교 공부가 아니라 세상과 타인, 사물과 생각에 관한 탐구이기 때문에 학교를 졸업하고 나면, 더 본격적으로 해야 하는 공부이다.

"책 쓰기는 삶을 좀 더 관찰하고 분석하고 호기심을 채워가는 공부이며, 그러한 공부를 통해 더 나은 삶에 대한 해결 방안을 제시하고, 새로운 창조적인 길을 만들어가는 진짜 공부이며 평생 공부이다."_ 저자.

독서의 한계를 뛰어넘는다

· · ·

"읽기는 쓰기의 기초이며 쓰기는 읽기의 연장이다. 읽기와 쓰기는 본래 하나이며 서로 보완하는 개념이다. 양쪽 모두 균형 있게 공부해야 좋은 성과를 거둘 수 있다."_마크 트웨인

필자가 책 쓰기를 강조하는 이유는 단 한 가지다. 책 쓰기만이 유일하게 독서의 한계를 뛰어넘을 수 있는 강력한 독서 그 이상의 것이기 때문이다. 읽기를 하지 말라는 말이 아니다. 읽기만 강조하고, 독서에만 편중된 교육 방식, 공부 방식을 바꾸어 균형을 맞추자는 것이다.

책 읽기에 쓰기가 포함되지 않지만, 쓰기에는 읽기가 포함되어 있으므로 우리는 읽기와 쓰기 중 하나를 해야 한다면 당연히 쓰기를 해야 하고, 책 쓰기 공부를 하는 것이 바람직하다. 하지만 한국의 교육은 정반대

를 100년 동안 실천해 왔다.

독서만 잘해서는 이제는 한계에 부딪히게 되는 그런 시대가 왔다. 우리가 어렸을 때, 우리가 살아가는 이 시대까지는 독서만 잘해도 평생 먹고 살 수 있는 시대였다. 하지만 우리 아이가 살아가야 할 가까운 미래는 독서만 잘해서 절대 잘 먹고 잘살 수 없는 변혁의 시대가 온다.

그러므로 우리 아이들에게 독서가 아닌 책 쓰기를 하라고 가르쳐야 한다. 책 쓰기 혁명의 시대가 오기 때문이다. 이제 더는 독서로는 안 된다. 독서의 시대는 이미 한물갔다. 이제는 책 쓰기 시대다.

공부의 측면에서도 독서의 한계는 서서히 드러나고 있다. 독서에 너무 편중된 공부는 지식을 이해하고 암기하고 확장하는 공부다. 이런 공부는 지식 정보화 시대, 즉 우리들의 시대에 적합한 공부다. 우리까지는 이런 공부만 해도 큰 걱정이 없다. 평생 잘 먹고 잘살 수 있다. 하지만 문제는 우리 아이들이다.

우리 아이들이 어른이 되어 본격적으로 사회 활동, 경제 활동의 주역이 될 때는 지식 정보화 사회가 아니라 창조와 감성의 시대, 인공지능의 시대, 5차 산업 혁명의 시대가 될 것이다. 이 시대에는 지식만 많이 가지고 있는 사람은 더는 성공할 수 없다. 이런 시대에는 창조력이 강하고, 사고력이 높은 사람이 더 성공할 수 있고, 잘 살아갈 수 있는 시대다.

이런 시대에 살아야 하므로 독서는 더는 안 된다는 것이다. 이제는 특히 우리 아이들은 더 강력한 공부가 필요하다. 독서에 편중된 공부를 대체할 수 있으면서 독서보다 더 강력한 공부가 필요하다.

이런 필요성에 대해 아무도 피력하는 사람이 없다는 것은 책 쓰기에 대한 의식과 견해와 경험이 너무 낮다는 것인지도 모른다. 아니면 필자가 너무 앞서가고 있는 것인지도 모른다. 하지만 필자는 독서도 누구보다 많이 해 본 경험이 있는 독서가이고, 책 쓰기도 누구보다 더 열정적으로, 강력하게, 많이 해 본 경험이 있는 인기도서 작가다.

독서를 많이 한 사람은 독서가 어떤 것이고, 얼마나 우리에게 유익한 것인지를 잘 알 수 있다. 하지만 자기가 안 해 본 것에 대해서는 잘 알지 못하므로 독서가 최고라고 생각하기 쉽다. 이것은 마치 우리가 평생 부산에만 간 사람은 부산의 바다가 최고라고 생각하기 쉽다. 특히 제주도 바다나 남태평양 바다에 가본 적이 없고, 그런 것에 대해 별로 신경을 쓰지 않는 사람에게는 특히 더 그렇다.

하지만 이런 사람이 나중에라도 제주도 바다나, 남태평양 바다에 가보게 된다면 지금까지 자신에게 최고의 바다였던 부산의 바다가 최고가 아니었다는 사실을 알게 되고, 자신의 판단이 우물 안 개구리였다는 사실을 깨닫게 될 것이다.

독서에 관해서만 연구 결과들이 넘치는 이유가 바로 이것이다. 독서를 하면 어떤 영향이 있고, 뇌가 어떻게 작동하는지에 대해서, 기능성 MRI 촬영도 하지만, 책 쓰기를 할 때 어떤 변화와 어떤 작동을 하는지 뇌 영상을 촬영한 사람들이 그렇게도 상대적으로 적은 이유가 바로 이것이다.

지금까지 우리는 부산 바다가 전부라고 생각했다. 바다 건너 나갈 수가 없었기 때문이다. 부산 바다와 같은 것이 바로 독서인 셈이다. 우리는 독서가 전부라고 생각했다. 그래서 최고의 공부는 독서라고 생각했고, 독서를 뛰어넘어 책 쓰기가 더 좋은 공부라는 생각은 전혀 하지 않았다.

그런데 독서가 정말 최고의 공부였을까? 이런 생각을 하는 사람, 독서에 대해 반기를 드는 사람은 많지 않을 것이다. 하지만 필자는 독서에 대해 반기를 들고자 한다. 독서법 코치이고, 독서법 창안자임에도 독서에 반기를 드는 이유는 분명하다.

독서로는 이제 부족하기 때문이다. 특히 우리 아이들은 독서의 한계를 뛰어넘는 새로운 공부를 해야 한다. 그것이 책 쓰기 공부다.

사고력과 창의력이
향상된다

· · ·

    우리 아이의 사고력과 창의력을 살릴 것인가? 그대로 죽일 것인가? 기존의 한국 교육은 아이들의 사고력과 창의력을 죽이는 교육이었다. 특히 독서에 편중된, 독서에 너무 의존적인 교육 방식은 아이들에게 단답식에만 강한 헛똑똑이를 양성하는 최악의 교육 시스템이며 공부 방식이 아닐 수 없다.

    한국 교육 시스템과 독서에 편중된 공부 방식의 가장 큰 해악을 꼽으라면 아이가 스스로 사고하지 않는 기계적인 백과사전형 인간을 만든다는 점이다.

    왜 스스로 생각하는 힘이 중요할까? 이미 오래전에 칸트는 스스로 생각하는 힘의 중요성을 잘 알고 있었던 선각자였다.

"스스로 생각하지 못 하는 자는 미천한 하급 관료조차 될 수 없는 사람이다."라는 그는 주장한 적이 있었기 때문이다. 필자도 그의 말에 전적으로 동의한다. 스스로 생각하지 못 하는 자는 세상과 타인을 이끌어갈 지도자가 될 수 없다.

세상은 언제나 예측 불가한 문제가 발생하는 곳이다. 교과서에 없는 그런 새로운 문제들이 항상 우리 앞에 발생한다. 교과서에 없는 문제이기 때문에 스스로 생각할 줄 모르는 리더나 관료들은 제대로 해결해 낼 수 없게 되는 것이다.

우리 아이들이 살아가야 할 미래는 더욱더 이런 현상이 빈번하게 일어난다. 그때에는 기계적인 백과사전형 인간, 파편적이고 타인의 지식만 가득 차 있는 가짜 지식인이 설 자리가 없다. 이제는 진짜 스스로 만든 지식을 가지고 있는 능동적이고 살아 움직이는 지식인이 성공하는 시대가 되었다.

앞으로의 시대를 이끌어갈 인재와 리더들에게 필요한 능력은 파편적인 지식만 쌓아온 한국 교육이 탄생시킨 헛똑똑이가 아니라 스스로 사고하고 문제를 창의적으로 해결할 수 있는 문제 해결력이다.

이런 인재가 되기 위해서는 기존의 독서 공부로는 절대 불가능하다. 이미 정해진 답을 이해하고 암기하는 지식의 수동적인 습득자는 앞으로는 곤란하다. 한국의 교육을 받고 자라난 우리 어른들이 어쩌다 어른이 되어, 삶을 왜 사는지? 무엇을 위해서 살아가야 하는지? 삶의 의미와 가치는 무엇인지? 삶에서 우리가 추구해야 할 가장 중요한 것은 무엇인지? 하늘이 무너져도 절대 흔들리지 않는 삶의 기준과 원칙은 무엇인지? 등도 없는 채 살아가기 때문에 한국 사회가 굉장히 위태로운 것이다.

많은 정치인이 부정과 부패를 일삼고, 많은 연예인이 환락과 쾌락에 빠지고, 많은 기업가가 공금을 횡령하고, 많은 인플루언서들이 불법을 하고, 많은 종교 지도자들이 죄를 짓는다. 이런 모든 것이 제대로 된 교육의 부재 때문이다.

한국의 교육은 무조건 지식 습득만 중요시하고, 지식을 많이 습득하고 암기한 자가 결국 공부를 잘하는 아이가 되고, 이런 아이들이 결국 국가와 사회에 중요한 요직에 앉게 된다.

국가와 사회의 리더들이 스스로 생각할 힘이 없고, 창의성이 없다면 그 나라는 위태로워진다. 이제 한국 교육 시스템을 바꾸어야 한다. 스스로 생각하는 힘을 기르고, 탁월한 사고력을 익히고, 창의성을 높여야 한다. 그것만이 우리가 거대한 나라들과 경쟁하고 생존하고 번성할 수 있는 유일한 길이다.

기존 독서의 가장 큰 병폐는 독서를 하면 할수록 타인의 지식을 쉽게 습득하고 이해하기 때문에 지식을 빨리 쌓을 수 있다는 점이다. 지식을 쉽게 쌓으면 쌓을수록 아이들의 사고력과 창의력은 그 과정에서 쇠퇴하게 된다.

독서를 통해 지식을 습득하는 부분이 큰 비중을 차지하기 때문이다. 독서를 하면 할수록 아이들은 사고력이 말살되고, 창의력은 사라진다.

이런 사실에 대해서 가장 먼저 우려를 표명했던 이가 있었다. 바로 위대한 철학자인 소크라테스였다.

소크라테스는 단 한 권의 책도 남기지 않은 철학자이지만, 그것은 그가 비극적으로 삶을 마감해야 했기 때문이기도 하지만, 그의 사명은 많은 이들에게 사고력을 향상해 주는 일이기 때문이다.

소크라테스는 많은 이들이 책을 읽으면, 책을 통해 사고력이 향상되는 것이 아니라 대부분 사람이 책을 읽으면 읽을수록 사고력이 말살되고, 책의 내용에 노예가 되어 버린다는 것을 발견한 최초의 철학자였다.

그래서 소크라테스가 선택한 것은 거리에 나가서 질문을 통해 사람들의 말살된 사고력을 향상해 주는 일을 천직으로 삼아서 실천했던 철학자였다.

우리 아이들은 독서를 하면 할수록 자신의 견해와 주장, 자기 생각과 아이디어는 온데간데없고, 책의 주장과 견해, 책 저자의 생각과 아이디어만 아이들에게 가득 차 있다. 자기 스스로 생각하는 습관을 독서하는 습관이 빼앗아 가기 때문이다.

독서만 하는 아이는 스스로 생각하는 습관을 독서 습관에 의해 빼앗기게 된다. 하지만 책 쓰기도 하는 아이는 스스로 생각하는 습관을 다시 찾을 수 있고, 스스로 문장을 만들고, 스스로 문제를 해결하고, 찾아가야 하므로 창의성이 발달할 수밖에 없다.

우리 아이들의 사고력과 창의력을 살리고 싶다면, 독서만 하는 아이가 아닌 책 쓰기도 하는 아이로 만들어야 한다. 책 쓰기 습관을 형성한 아이는 절대 공부도, 인생도 망하지 않는다. 지도자가 되고 머리가 되고 지도자가 될 수 있는 아이는 독서만 하는 아이가 아니라 책 쓰기도 하는 아이라는 사실을 명심하자.

독서 공부 vs
책 쓰기 공부의 엄청난 차이

· · ·

독서 공부는 진짜 공부가 아니라 가짜 공부다. 타인의 지식과 아이디어를 쉽게 자신의 것으로 만들기 때문이다. 물론 소크라테스도 처음에는 타인이 고생해서 쓴 책을 많이 읽으라고 했다. 왜냐하면, 남이 고생해서 깨우친 지식과 생각을 쉽게 자신의 것으로 만들 방법이 독서이기 때문이다.

그의 말은 틀리지 않았다. 남이 고생해서 연구한 지식과 생각을 쉽게, 너무 쉽게 자신의 지식으로 만들 수 있다. 하지만 문제는 바로 여기에 있다. 너무 쉽게 타인의 지식과 세상의 모든 지식을 자신의 것으로 만들 수 있는 독서 공부는 결국 큰 부작용이 있다는 사실을 우리는 몰랐다.

독서 공부를 통해 타인의 지식을 쉽게 자신의 것으로 만드는 사람들은 결국 가짜 공부에 지나지 않는다는 사실이다. 한국의 교육 방식이 이런 가짜 공부에 가깝다. 하지만 미국과 같은 선진국은 완벽하지는 않지만, 스스로 생각하고 창조하는 교육에 조금 더 가깝다고 할 수 있다.

한국의 교육 시스템과 교육 방식이 가짜 공부라면, 진짜 공부는 어떤 것일까?

진짜 공부는 스스로 생각하고, 스스로 지식을 발견하고 창조하고 스스로 문제를 해결하고 스스로 공식을 만들고 기존의 것을 새롭게 혁신하는 것이다. 진짜 공부는 자기 자신만의 견해와 의식, 생각과 아이디어를 창조적으로 만드는 것이다.

이런 진짜 공부를 한 우리 사람이 있을까? 있다. 대표적인 인물이 바로 다산 정약용이다. 다산 정약용은 독서만 하지 않았다. 그는 책을 쓰기 위해 독서를 했다. 즉 독서에 편중된 공부가 아닌 책 쓰기에 편중된 공부를 한 대표적이고 유일무이한 조선 선비다.

조선 오백 년 동안 수천수만 명 이상의 공부 신들이 있었지만, 다산처럼 500여 권 이상의 학문적 도서를 집필한 사람은 유일무이하다. 독보적이라고 할 수 있다. 그를 평가하는 말은 매우 다양하다. 그만큼 다산 선생은 뛰어난 대학자라고 할 수 있다.

그는 어려운 경전을 깊게 연구한 경학자이며, 탁월한 행정가요, 훌륭한 교육학자이며, 해박한 사학자이며, 통합적 인문학자이며, 동시에 화성 축성을 설계하고 기중기와 유형거를 제작해 낸 과학자이자 토목공학자이자, 기계공학자이며, '마과회통'과 같은 의수를 펴낸 의학자이며, 오백여 권 이상의 책을 출간한 위대한 작가였다.

그는 18년 유배 생활 동안에 무려 500여 권에 이르는 많은 양의 저서를 집필한 책 쓰기의 대가였다. 그는 다른 선비와 달리, 초서라는 독서법이자 책 쓰기 기술을 통해, 당대 최고의 학자가 될 수 있었고, 역사, 문학, 법학, 음악, 교육, 농업, 의학, 물리학, 토목공학, 기계공학 등에 이르기까지 유례가 없을 정도로 폭넓은 분야에서 기적과 같은 학문적 성취를 일궈낸 위대한 학자였다.

어떤 학자는 다산 선생을 '기적 같은 학문적 성취를 일궈낸 한국 지식사의 불가사의'라고 표현하기도 했다.

정말 다산 선생은 불가사의한 학문적 성취를 이루어냈다. 그 당시에 노벨상이 있었다면, 아마도 수상을 했을지도 모른다. 그렇다면 과연 그가 다른 선비들보다도 더 뛰어난 불가사의한 학문적 성취를 여러 방면에서 이루어낼 수 있었던 비결은 무엇이었을까?

그것은 바로 다른 선비들은 독서에 편중된 공부를 했다면, 다산 선생은 초서라는 독서법이자 책 쓰기 기술인 자신만의 독특한 책 쓰기 기술을 창안하여, 최초로 책 쓰기 공부를 실천한 책 쓰기의 대가였기 때문이라고 필자는 생각한다.

다산 선생이 초서라는 독서법이자 책 쓰기 기술을 평생 실천하고 공부의 제1원칙과 방법으로 삼지 않았다면, 18년 동안 500여 권이 아니라 50권 정도의 책도 출간해 내지 못했을 것이다. 물론 50여 권의 책을 출간해도 대단한 성과라고 우리는 당연히 칭송할 것이다. 그것도 대단한 일이기 때문이다. 하지만 다산 선생이 불가사의라고 할 정도로 기적 같은 학문적 성과를 폭넓은 분야에서 일궈낼 수 있게 해 준 것은 바로 그가 책 쓰기 대가였기 때문이다.

조선 시대에 선비들은 많았지만, 왜 유독 한 명의 선비인 다산 정약용만 초서라는 독서법이자 책 쓰기 기술을 평생 실천하고, 활용했을까? 다산 정약용은 공부의 방식과 접근법이 달랐다. 다른 선비들은 읽기만 하고 이해하고 암기했다면, 다산은 읽고 반드시 자신의 것으로 바꾸어 쓰기를 했다는 것이다. 다른 선비들의 공부 대부분은 읽기였다면, 다산 공부의 대부분은 쓰기였다는 점이다.

다산 정약용이 초서라는 독서법이자 책 쓰기 기술인 이것을 얼마나 강조하고 실천했는지를 우리는 어떻게 알 수 있을까? 그가 유배 기간 두 아들에게 보낸 편지를 읽어보면, 알 수 있다. 독서를 하라고 강조를 하면서도, 독서보다 더 강조한 것이 초서라는 사실을 알 수 있기 때문이다. 이 것은 다산 정약용이 독서보다 초서를 더 중요하게 생각했다는 방증이기 도 하다. 그가 두 아들에게 보낸 편지에서 초서를 강조하고 또 강조한 대 목을 몇 개 소개한다.

다산이 두 아들에게 유배지에서 첫 번째로 보낸 편지 내용 중에 가장 중심이 되는 것은 결국 초서(쓰기)를 소홀히 하지 말라는 내용이다. 초서 의 위력과 중요성을 아는 사람은 평생 초서를 하라고 말하는 것이 당연 하다. 필자도 초서의 위력과 중요성을 온몸으로 체험한 몇몇 안 되는 독 서가 중의 한 명이기 때문이다.

"초서의 방법은 먼저 자기 생각을 정리한 후 어느 정도 정리가 되 면, 그 후에 그 생각을 기준으로 취할 것은 취하고 버릴 것은 버려 야 취사 선택이 가능하게 된다." 〈두 아들에게 답함〉

"어느 정도 자신의 견해가 성립된 후 선택하고 싶은 문장과 견해는 뽑아서 따로 쓰기를 해서 간추려 놓아야 한다. 그런 식으로 한 권의 책을 읽더라도 자신의 공부에 도움이 되는 것은 뽑아서 적고 보관 하고, 그렇지 않은 것은 재빨리 넘어가야 한다. 이런 방법으로 독서 를 하면 백 권의 책이라도 열흘이면 다 읽을 수 있고, 자신의 것으 로 삼을 수 있게 된다." 〈두 아들에게 답함〉

책 쓰기 고수였기 때문에 그는 가짜 공부가 아닌 진짜 공부를 할 수 있었고, 진짜 공부를 하게 되면, 지식의 빅뱅 현상이 일어나, 지식 폭발 창조의 경험을 하게 된다.

필자가 쓴 책인 [플랫폼 독서법]에 이런 지식 폭발 창조의 경험이 지식 빅뱅 현상을 잘 설명해 놓았다. 독서를 좀 더 전략적으로, 창조적으로 하고자 한다면 꼭 읽어보기를 추천한다..

"더는 읽기에서 멈추는 바보로 살지 마라!
누구나 작가가 될 수 있다, 아니 되어야만 하는 시대다!
전문가가 책을 쓰는 것이 아니다, 책을 쓰면 전문가가 되는 것이다!
성공한 사람이 책을 쓰는 것이 아니다, 책을 쓰면 성공한 사람이 되는 것이다!
자신을 넘어선 사람이 책을 쓰는 것이 아니다,
책을 쓰는 사람이 자신을 넘어서는 것이다!"

<책 쓰기 혁명의 시대>, 김병완 저.

책 쓰는 아이를
만드는
준비 과정

책 쓰기의 재미를
느끼게 하라

• • •

아이들은 왜 상처가 적을까? 물론 아이들도 상처가 있겠지만, 상대적으로 어른들보다 상처가 적다. 그것은 아이들은 매일 삶의 재미를 통해 스스로 치유가 가능하기 때문이다.

어른들의 가장 큰 문제는 삶의 재미가 없다는 점이다. 오죽했으면 코로나 시대에 트로트 방송을 보고 행복함을 느끼고 힐링이 되었다고 하는 사람들이 많을까? 물론 어르신들의 경우, 트로트를 보는 것이 가장 재미있는 소일거리인지도 모른다.

하지만 책 쓰기의 재미에 빠져본다면 어떨까?

실제로 필자가 운영하는 책 쓰기 학교의 책 쓰기 수업에는 미국에서도 건너와서 참여하시는 분도 계시고, 부부 동반으로 미국에서 오셔서 참여하시는 분도 계시고, 너무나 다양한 분야의 사회계층에서 책 쓰기 수업에 참여하신다. 그런데 500명의 수강생분 중에 가장 놀라운 충격을 받는 수강생분이 한 분 계셨는데 그분은 어떤 분이었을까?

그분은 바로 연세가 80이신 어르신이었다. 80이신 그분이 책 쓰기를 하게 되면서 날마다 가슴 뛰는 삶을 살고 있다고 너무나 즐겁게 신이 나서 이야기를 하는 것을 보고 나 자신이 오히려 부끄러워졌다.

그렇다. 책 쓰기는 최고의 재미를 느낄 수 있는 놀이 수단이기도 하다. 지적 유희와 상상력의 만찬을 즐길 수 있을 뿐만 아니라 최고 단계의 몰입을 느끼고 엔도르핀이라는 뇌 호르몬도 분비가 된다.

우리 아이들에게 책 쓰기 습관을 형성하는 가장 좋은 방법은 책 쓰기의 재미를 온몸으로 느끼게 하는 것이다. 재미가 없다면 절대 지속할 수 없고, 지속할 수 없으면 절대 습관이 될 수 없다.

습관의 형성 과정에 대해서 가장 잘 설명한 책 중의 하나인 찰스 두히그의 [습관의 힘]이란 책을 보면, 7%의 미국인만이 사용했던 치약이 전 세계인의 필수품이 될 수 있었던 숨은 비결에 관해서 이야기를 해 준다.

그 비결은 이를 닦은 후 개운한 느낌을 주는 첨가물을 사용했기 때문이다. 많은 사람은 이를 닦을 때의 거품과 닦은 후의 알싸한 느낌이 바로 이를 닦는 습관을 형성하게 만드는 데 일등 공신 역할을 했다.

하물며 책 쓰기도 마찬가지다. 뭔가 재미나 보상이 없다면 우리는 지속하지 못하며, 습관으로 형성할 수 없다. 이를 닦을 때 나오는 거품은 세정력과 상관이 없다. 하지만 이를 닦는 사람이 깨끗해진다는 기분 좋은 느낌을 느끼게 하기 위한 것이다.

거품과 마찬가지로 우리 아이가 책 쓰기 습관을 기르게 하기 위해서는 상쾌함, 기분 좋음, 재미, 희열, 보상 등과 같은 요소가 반드시 있어야 한다. 세상에 공짜는 없다. 책 쓰기를 하는 위대한 아이를 만들기 위해서는 단순히 강요나 의무만을 내세워서는 안 된다. 재미를 주고, 재미를 깨닫게 해야 한다. 그것이 가장 중요하다.

자녀와 함께
책 쓰기를 하라

• • •

부모는 드라마만 보면서 아이들에게 책 쓰기를 하라고 강요하는 것은 이율배반적 행위다. 아이들에게 가장 나쁜 교육 성과를 내는 경우가 바로 이런 경우다. 우리 아이에게 책 쓰기 습관을 길러주기 위해서 가장 좋은 방법의 하나는 부모가 자녀와 함께 책을 쓰거나, 부모가 먼저 책을 쓰는 행위다.

필자가 매일 책을 쓰니까 우리 자녀들은 자연스럽게 책 쓰기를 하고 책을 출간한다. 이것이 바람직한 교육의 모습이다. 교육의 가장 중요한 것은 부모가 본을 보이는 것이다.

우리 아이들이 혼자 책 쓰기를 하는 것은 어불성설이다. 천재가 아닌 이상 도저히 혼자 책을 쓸 수 없다. 그러므로 부모가 자녀와 함께 해 주거나 최소한 코치를 해 주어야 한다.

독서법은 어느 정도 부모들도 독서 경험이 있으므로 코치할 수 있다. 하지만 책 쓰기는 다르다. 책 쓰기를 제대로 해 본 적이 있는 경험이 있는 부모가 거의 없다. 드물게는 책을 한두 권 출간한 경험이 있는 부모가 있을 수도 있지만, 이 경우에도 누군가에게 책 쓰기를 가르쳐 줄 만한 경험이나 내공은 절대적으로 부족하다고 할 수 있다.

현실적으로 부모가 책 쓰기 코치를 해 줄 수 없다. 책 쓰기의 경험과 내공이 없고 짧기 때문이다. 독서와 다르기 때문이다. 이런 경우에는 가장 좋은 현실적인 방법이 함께 공부하면서 함께 해나가는 것이다. 이것이 제일 나은 방법이다.

자녀의 관점에서 부모가 함께하면 무엇이든 흥미를 느끼고 좋아한다. 아이들의 공부는 함께 할 수 없다. 아이들의 초등학교 교과서를 함께 공부할 수준을 훨씬 뛰어넘기 때문이다. 아이들과 함께 독서를 함께 할 수는 있지만, 전혀 다른 차원과 수준에서 하게 된다. 그래서 함께한다는 것이 무색할 정도가 된다. 하지만 책 쓰기는 다르다.

책 쓰기의 수준은 아이나 어른이나 비슷할 수 있다. 이것은 무엇을 의미하는 것일까? 책 쓰기도 하나의 기술이라는 점이다. 즉 자전거 타기나 스키 타기처럼 배워야 하는 기술이다. 그래서 스키를 한 번도 안 타 본 사람은 어른도 스키를 처음 신으면 넘어지는 것부터 시작해야 한다. 책 쓰기는 이와 다르지 않다.

아이라도 스키를 많이 타 본 경험이 있다면 어른보다 훨씬 더 잘 탈 수 있다. 심지어 스키를 즐기는 수준까지 도약한 아이들도 있을 수 있다. 중요한 것은 나이가 아니라 실력이다. 그리고 그 실력은 그 기술을 제대로 배우고, 남들보다 더 많은 경험과 연습을 했느냐에 따라 달라진다.

자녀의 관점에서 자신이 혼자서 공부를 하는 것이 아니라, 부모와 함께 책 쓰기를 하나씩 해나가는 것은 심리적으로도, 감성적으로도 매우 좋은 일이다. 아이들에게는 좋은 추억이 될 수도 있고, 함께 책 쓰기를 한 부모와 자녀의 책이 실제로 출간되는 놀라운 경험도 절대 불가능한 일은 아니기 때문이다.

아이와 함께 좋은 추억을 만드는 것이며, 동시에 아이를 세계적인 리더나 훌륭한 인재로 도약시키는 최고의 공부가 되며, 동시에 부모에게는 새로운 인생의 새 장을 펼칠 수 있는 인생 혁명이 될 수도 있다. 책 쓰기가 가지고 있는 모습은 이렇게 다양하고 폭넓은 것이다.

부모가 자녀와 함께 책 쓰기를 하면, 부모에게도 좋고, 아이의 교육에도 좋다. 일거양득이 아닐 수 없다. 부모가 책 쓰기를 하면 가장 좋은 것이 무엇일까? 그것은 바로 부모의 인생이 달라진다는 것이다.

이것은 필자가 100% 장담할 수 있다. 물론 책 쓰기를 한다고 하루아침에 신데렐라가 되는 것은 아니지만, 책 쓰기를 꾸준히 지속하면 몇 년 안에 곧 인생이 달라져 있다는 사실을 알게 된다.

필자는 책 쓰기를 40이 넘은 나이에 시작했다. 그전에는 평범한 회사원이었다가, 심지어 백수, 무직자 신세로 3년 이상을 살다가, 결국 책 쓰기 시작했는데, 책 쓰기 시작한 것은 필자가 평생 살면서 가장 잘한 일 중에 하나다.

책 쓰기 시작해서 꾸준한 책을 쓰고 출간을 했다. 그렇게 하다 보니 어느 순간 뒤를 돌아보니 성공한 작가, 성공한 사람이 되어 있었다. 책 쓰기를 하지 않았다면 아마도 인생 밑바닥에서 전전긍긍하면서 힘겹게 살아가고 있었을 것이다.

부모들이여, 더는 읽기에서 멈추는 바보로 살지 말자. 필자가 그렇게 했던 것처럼 살지 말라. 이제는 누구나 작가가 될 수 있는 책 쓰기 혁명의 시대다, 아니 누구나 작가가 되어야만 하는 시대다! 전문가가 책을 쓰는 것이 아니라, 당신도 책을 쓰면 전문가가 되는 것이다!

성공한 사람이 책을 쓰는 것이 아니라, 당신도 책을 쓰면 성공한 사람이 되는 것이다! 자신을 넘어선 사람이 책을 쓰는 것이 아니라, 당신도 책을 쓰면, 자신의 한계를 뛰어넘을 수 있다.

지금 이 시대는 책 쓰기 혁명의 시대이기 때문이다.

필자가 하나 고백하고 싶은 것이 있다. 그것은 바로 책 쓰기 혁명의 시대가 필자의 예상보다 훨씬 더 빨리 오고 있다는 사실이다.

필자도 이런 현상에 매우 큰 놀라움을 금치 못했다. 일단 중학생들이 책을 쓰고 실제로 출간하는 경향이 매우 강해졌다는 것과 부모님들이 중학생 자녀들을 데리고 와서 책 쓰기 수업에 참여시키는 경향이 최근 1~2년 사이에 급속도로 많아졌다는 시대적 변화다.

청소년이 쓴 책 중에 추천하고 싶은 것은 [15살이 쓴 미국 유학 도전기]라는 책이다. 이 책은 실제 청소년이 쓴 책이지만, 부모와 자녀가 함께 읽으면 더 좋은 책이고, 출간되자마자 분야별 인기도서를 거뜬하게 해 버렸다.

이제 나이는 숫자에 불과하다. 책 쓰기 분야에서도 이 원리는 그대로 적용이 된다. 이제는 부모와 자녀가 함께 책 쓰기를 하는 시대다. 지금 당장 시작하자.

연구 결과에 따르면, 부모가 독서에 대해 얼마나 관심을 두고 적극적이냐에 따라 자녀의 독서량에 현격한 차이가 난다. 책 읽기에 적극적인 부모의 자녀들이 그렇지 못한 부모의 자녀보다 독서량이 더 많다는 것이다. 이런 원리는 책 쓰기에도 당연히 적용된다. 부모가 책 쓰기에 관심을 가지고 적극적으로 되면, 자녀는 저절로 책 쓰기를 따라 할 것이고, 더 많이 할 것이다.

자녀와 함께 부모가 책 쓰기를 해야 할 이유인 것이다.

심리적 장벽과 편견을
제거하라

• • •

　우리 아이들에게 책 쓰기 습관을 형성하기 위해서는 무엇보다 아이들이 가지고 있는 심리적 장벽을 제거하는 것이 중요하다. 아이들도 부모와 마찬가지로 책을 쓴다는 것은 대단한 사람, 굉장히 똑똑한 사람, 능력 있는 사람만이, 즉 특별한 사람만이 쓰는 것이라는 편견이 있을 뿐만 아니라 자신은 절대 책을 쓴다는 것을 상상도 하지 못했을 정도로 큰 심리적 장벽을 가지고 있다.

　이런 심리적 장벽은 부모도 마찬가지로 가지고 있다. 심지어 책 쓰기에 대한 부담감과 심리적 장벽은 한두 권의 책을 쓴 출간 작가도 언제라도 생길 수가 있고, 그 때문에 슬럼프에 빠지는 작가들이 적지 않은 것이다.

　슬럼프의 가장 큰 원인은 부담감과 심리적 장벽이다. 책을 쓰는 작가라면 누구나 한 번 이상 슬럼프를 크건 작건 경험하게 된다고 한다. 하지만 필자는 상대적으로 거의 슬럼프가 없었다. 10년 동안 100권의 책을 출간하면서도 말이다. 필자가 남들보다 재능이 더 뛰어나서가 아니다.

그 비결은 다른 곳에 있다. 바로 책을 쓸 때 필자만 가지고 있는 남다른 생각과 의식 때문이다. 그 생각은 바로 '가장 뛰어난 책을 쓰려고 하지 않고, 세상에서 가장 형편없는 책을 쓰자'라는 농담처럼 들리는 말이다. 이 말이 가져다주는 효과는 매우 크다.

일단 책 쓰기에 대한 불필요한 부담감과 심리적 장벽을 낮추어 준다. 그래서 얻는 이득은 무엇일까? 어린아이가 놀이터에 가서 마음껏 뛰어놀 듯이 책 쓰기를 즐길 수 있는 경지에 오르게 해 준다.

책 쓰기를 정말로 놀이터에서 놀 듯이 하는 사람은 본 적이 있는 거? 있다면 바로 필자인 것이다. 그런 마음가짐이야말로 책 쓰기를 오롯이 즐길 수 있게 해 준다. 즐기면 무엇이 좋을까? 즐기는 사람은 어떻게 될까?

즐기는 사람은 그렇지 못한 사람보다 훨씬 더 많이, 자주 하게 된다. 결국, 양이 질을 낳고, 질이 향상된다. 바로 다산 정약용 선생이 강조한 둔필승총의 원리, 우보만리의 원리, 백천지공의 원리가 그대로 실현되는 것을 체험하게 된다.

공자도 이런 이치에 대해서 일찍이 언급한 적이 있다.

"무엇을 안다는 것은 그것을 좋아하는 것만 못하고, 무엇을 좋아한다는 것은 그것을 즐기는 것만 못하다."

최고의 경지는 즐기는 것이다. 책 쓰기를 즐길 수 있게 아이들을 지도해야 한다.

책 쓰기를 즐기는 아이가 된다면, 아이의 인생과 장래는 매우 밝다. 스스로 공부하고 배우는 최고의 도구를 소유한 아이이기 때문이다.

필자가 책 쓰기를 40이 될 때까지 한 번도 하지 않은 이유는 무엇일까? 그것은 바로 이런 편견 때문이었다.

"나 같은 사람이 무슨 책을 써?"
"나 같이 평범한 사람이 책을 쓴다는 것은 말도 되지 않아!"

그렇다. 꿈에서도 상상도 하지 못 한 일이었다. 책 쓰기에 대해 필자가 가지고 있었던 편견은 정말 강력했다. 하지만 3년 동안 도서관 생활을 통해 나의 의식과 사고는 결국 바뀌게 되었다.

아주 뛰어난 사람, 아주 똑똑한 사람이 책을 쓰는 것이 아니라, 평범한 사람이 책을 자꾸 쓰다 보면 아주 뛰어난 사람, 아주 똑똑한 사람으로 도약하게 된다는 사실을 깨닫게 되었다. 그 깨달음을 직접 실천해 보니, 사람만 바뀌는 것이 아니라 그것을 실천하는 사람의 인생도 바뀌었다.

책 쓰기의 편견을 깨는 것이 정말 중요하다. 책 쓰기에 대한 더 놀라운 편견은 책 쓰기가 정말 거창하고 너무 어려운 것이라는 고정관념이었다. 책 쓰기를 너무 어렵게 생각하고, 너무 거창하고 화려한 것으로 생각할 필요는 없다. 그것도 편견에 불과하다.

책 쓰기는 정말 재미있고 즐겁고 매일 해도 싫증 나지 않는 최고의 놀이 도구이면서 동시에 공부 수단이다. 이 말에 동의하는 독자들은 많지 않겠지만, 책 쓰기가 절대로 그렇게 힘들고 어렵고 거창한 것은 아니라는 점은 명백한 사실이다.

그렇다면 왜 일반인들은 책 쓰기를 그렇게 거창하게, 어렵게 느끼는 것일까?

첫 번째 이유는 출간까지의 과정이 너무 멀게만 느껴지기 때문이다. 출간하기 위해서는 출판사와 계약이라는 과정을 반드시 거쳐야 하기 때문이다. 두 번째 이유는 한 권 분량의 책을 혼자서 쓰는 것에 대한 어려움 때문이다. 한 번도 책을 써 본 적이 없으므로 무엇부터 해야 하고, 어떻게 책을 써야 하는지에 대해 막막함을 느끼는 것이다. 세 번째는 책 쓰기에 대한 자신감의 결여다. 내가 책을 쓰면 과연 누가 출간해 줄 것인지, 누가 읽어 줄 것인지, 누가 책을 구매해 줄 것인지 등 너무나 많은 걱정을 한다. 이 모든 것이 자신감이 없기 때문이다.

책 쓰는 아이를 만들기 위해서는 책 쓰기에 대해 자신감을 심어 줄 필요가 있다. 그리고 그 자신감은 책 쓰기가 별로 힘든 것이 아니라는 사실을 몸소 체험하게 해 줘야 한다. 그것의 첫 단추는 편견을 과감하게 깨는 것이다.

책 쓰기는 인생을 바꾸는 고맙고 유익한 것이며, 독서보다 더 강력한 최고의 공부이며 놀이라는 사실을 심어 준다면 더할 나위 없이 좋을 것 같다.

처음부터
잘 쓰려고 하지 마라

• • •

우리 아이를 책 쓰는 사람으로 만들기 위해서는 아이들에게 처음부터 잘 쓰려고 하는 마음을 버리게 하는 것이 필요하다. 처음부터 잘 쓰는 사람은 없다. 처음에는 자전거 타기를 배워도 여러 번 넘어지는 것이 정상이다.

처음에 한 번도 넘어지지 않고 자전거를 탈 수 있는 사람은 없다. 책 쓰기도 그렇다. 바이올린을 처음부터 완벽하게 멋지게 연주할 수 있는 사람은 없다. 수도 없이 많이 망가지고 넘어지고 실패를 하고 연습을 해야, 그다음에는 바이올린을 멋지게 연주할 수 있게 되는 것이다.

책 쓰기도 그렇다. 천릿길도 한 걸음부터다. 처음부터 너무 잘 쓰려고 하지 마라. 이것이 가장 중요한 마음가짐이다.

아이들에게 '너무 잘 쓰려고 하지 말고, 즐겁게 책 쓰기를 즐기면 된다.'라는 식으로 이야기를 하는 것이 중요하다. 그렇게 되면 아이들은 더 많이 더 자주 더 즐겁게 책 쓰기를 할 수 있게 된다. 이것은 매우 중요하다.

양이 질을 압도하고 이끌고 높이기 때문이다. 너무 잘 쓰려고 하면 하나도 쓸 수 없다. 이런 문제를 해결하는 가장 좋은 방법은 질보다 양을 중시하는 태도다.

필자가 삼성전자에서 6 시그마 전문가로 프로젝트를 할 때의 실제 경험을 이야기해 보겠다. 7주 동안 회사 본부를 대표하는 엄청난 프로젝트를 만들어야 한다. 그런데 너무 잘 만들려고 하다 보니 2~3주 동안 하나도 프로젝트 안을 만들지 못했다. 그런데 상무님께서 너무 잘하려고 하지 말고 일단 여러 개의 프로젝트 안을 제출해 보라고 하는 것이었다. 그 말을 듣자마자 여러 개의 프로젝트 안을 작성할 수 있었고, 그중에 하나를 선택해서 프로젝트를 한 결과 최우수상을 획득하게 되었다.

이때의 경험을 바탕으로 필자는 책을 쓸 때도 이렇게 하면, 더 쉽게 더 잘할 수 있다는 사실을 알게 되었다.

이와 비슷한 이야기를 필자는 책을 통해서도 배운 적이 있다. 이미 필자의 책을 통해 소개한 내용이지만, 필자의 책을 전부 다 읽는 독자는 흔치 않기 때문에 알려 주고자 한다.

《예술가여 무엇이 두려운가》라는 책은 필자가 좋아하는 책 중에 하나다. 이 책의 저자 데이비드 베일즈(David Bayles)는 작가, 예술가들에게 두려워하지 말고 당당하게 예술 활동을 하라고 당부한다. 그러면서, 완벽이라는 함정에 빠지지 말라고 주의를 한다.

그는 아래와 같은 재미있는 실험 이야기를 들려준다.

수업 첫날 도예 선생님은 학급을 두 그룹으로 나누어서, 작업실의 왼쪽에 모인 조는 작품의 양만을 가지고 평가하고, 오른편 조는 질로 평가할 것이라고 말씀하셨다. 평가방법은 간단했다. 수업 마지막 날 저울을 가지고 와서 '양 평가' 집단의 작품 무게를 재어, 그 무게가 20킬로그램 나가면 'A'를 주고, 15킬로그램에는 'B'를 주는 식이다. 반면 '질 평가' 집단의 학생들은 'A'를 받을 수 있는 완벽한 하나의 작품만을 제출해야만 했다. 자, 평가 시간이 되었다. 그런데 이상한 일이 생겼다. 가장 훌륭한 작품들은 모두 양으로 평가받은 집단에서 나왔다는 사실이다. '양' 집단이 부지런히 작품들을 쌓아나가면서 실수로부터 배워나가는 동안, '질' 집단은 가만히 앉아 어떻게 하면 완벽한 작품을 만들까 하는 궁리만 하다가 종국에는 방대한 이론들과 점토 더미 말고는 내보일 게 아무것도 없게 되고 만 것이다.

훌륭한 작품을 완벽한 작품과 동일한 것으로 생각하면 큰 오산이다.

예술은 사람이 하는 것이며 사람이라면 누구나 실수를 하기 마련이다. 그러므로 예술 작품에도 오점이 있는 것은 당연하다.

(데이비드 베일즈, 《예술가여 무엇이 두려운가》, 루비박스, pp. 51~52)

재미있는 이 실험에서 우리는 질이 높은 완벽한 하나의 작품을 만들기 위해 온갖 궁리를 하며 전전긍긍하는 사람들보다는 질이 낮고 불완전해도 많이 자주 작품을 만들어나가는 사람들이 궁극적으로는 훨씬 많은 질 높은 작품을 만들어내게 된다는 놀라운 이치와 귀중한 교훈을 얻을 수 있다.

우리 아이들을 지도할 때도 바로 이러한 원리를 잘 적용해야 한다. 이 실험을 통해 우리가 생각해 봐야 하는 것은 질에 연연하지 않고 마음껏 창작 활동을 할 수 있는 환경과 분위기를 만들어 주는 것의 중요성과 필요성이다.

괴테도 이런 대범함 속에 천재성이 숨겨져 있다는 말을 한 적이 있다. 그리고 그의 말은 사실로 판명이 나고 있다. 그래서 천재들은 모두 대범한 사람들인지도 모른다. 중요한 것은 우리 아이들이 마음껏 활동하고 행동하고 도전할 때 질의 향상도 기대해볼 수 있다는 점이다. 한국의 교육은 양이 아니라 질을 우선시하고, 질문이 아니라 정답을 중요시한다. 이런 교육 분위기 속에서 아이들의 천재성은 말살되고 마는 것이다.

자. 이제 우리는 중요한 사실을 하나 배웠다. 대담하게 시작하여 작품을 만들어내는 것이, 우리 내면에서 숨겨져 있고 잠자고 있는 천재성을 깨우는 좋은 방법이라는 사실을 말이다.

우리 아이들이 즐기면서 재미있게 할 수 있게 만들어야 한다. 그래야 아웃라이어가 될 수 있다.

양이 질을 낳는다

• • •

엄청난 노력의 양이 걸작을 만들어내고, 쉼 없는 노력이 비범한 성취를 이루는 아웃라이어가 될 수 있게 한다. 즐기지 못하고, 재미를 발견하지 못한다면 이런 쉼 없는 창작 활동은 불가능하다.

"아웃라이어가 되는 데 제1 요인은 천재적 재능이 아니라, 소위 '1만 시간의 법칙'이라 불리는 쉼 없는 노력이다."

《아웃라이어》의 저자인 말콤 글래드웰의 이 말처럼 비범한 성취를 이루어내는 천재가 되는 길은 쉼 없는 노력이다. 하지만 쉼 없이 노력이라는 말에 오해해서는 안 된다.

무엇인가를 성취하고 부와 명예를 얻기 위해 하기 싫은 활동을 쉼 없

114

이 하는 것은 어불성설이다. 그 과정이 너무나 힘들고 괴롭지 않겠는가? 책 쓰기의 재미와 즐거움을 발견한 사람은 그것을 즐기게 되고, 즐기는 과정을 통해 쉼 없이 노력하는 결과가 탄생하는 것뿐이다.

양이 질을 낳는다. 이 사실을 우리에게 깨닫게 해 주는 많은 사례가 있다.

금세기 최고의 사고법이라 평가받는 '마인드맵'의 창시자인 영국의 교육 심리학자인 토니 부잔은 자신의 저서 중의 하나인 [생각의 지도 위에서 길을 찾다]라는 책을 통해 기발하면서도 창의적인 아이디어를 어떻게 생각해 낼 수 있는지에 대해 소개하고 있다. 그런데 그가 소개하는 비법 중의 하나는 바로 양을 절대로 제한하거나 축소하지 말라는 것이다

"그렇다면 위대한 창의적인 천재들은 완벽한 아이디어를 단순히 하나씩 연이어 내놓았을까? 물론 아니다. 그들이 한 일은 아이디어들을 쏟아낸 것이다. 이렇게 나온 아이디어 중 많은 수는 특별히 훌륭한 것이 아니었다. 하지만 그건 훌륭한 것과 비교하였을 때 '훌륭하지 못한' 것뿐이었다.
질적인 문제와는 상관없이, 위대한 창의적인 천재들은 끊임없이 아이디어를 내놓으면서 실제로는 자신들이 매우 수준 높은 아이디어를 내놓았다고 장담하고 있었다. 그들은 자신의 좌뇌와 우뇌가 서로 의사소통할 수 있도록 공동 작용의 '증식하는' 사고 과정을 만들

어내고 있었다. 이 사고 과정은 자신의 머리를 어떻게 사용해야 하는지를 아는 모든 사람의 전형적인 방식이다.

천재를 소개하기 위한 가이드로 레오나르도는 완벽한 사례였다. 그는 자신의 노트에 생각나는 대로 아무렇게나 문자 그대로 '멋대로 갈겨' 썼고, 그 내용에서 '천재'의 아이디어가 튀어나왔다."〈142쪽〉

우리가 알고 있는 천재들에 대해 살펴보자. 이들은 모두 태어날 때부터 천재였을까? 아니다. 이들은 노력을 통해, 더 정확히 이야기하자면 엄청난 양의 노력을 통해 후천적으로 천재로 도약한 이들이다.

이들이 정말 엄청난 양의 노력을 했다는 것을 우리는 어떻게 알 수 있을까? 의심하는 독자들이 있다면 이것을 보도록 하라.

[상상력에 불을 지피는 아이디어 충전소]라는 재미있는 제목의 책을 보면 이런 대목이 나온다.

"여기서 질문을 하나 던져 보겠다. 다음의 숫자들은 무엇을 의미할까?

모차르트 600, 프로이트 650, 렘브란트 650/ 2,000,

아인슈타인 248, 피카소 20,000, 다윈 119,

매슬로 165, 셰익스피어 154, 에디슨 1,093

116

그렇다. 이미 눈치챘을지도 모르겠지만 모차르트는 6백 편 이상의 작품을 작곡했고, 프로이트는 6백 50편의 논문을 썼으며, 렘브란트는 6백 50장의 그림과 2천 장의 스케치를 남겼다고 한다.

천재들은 이처럼 방대한 양의 작품들을 남기는 공통된 모습을 보인다. 실제로 보면 그들의 논문이나 작품 중에는 정말 형편없는 것들도 많다. 그러나 천재들은 그것들 중 자신들의 대작을 만들어내고 그것만으로 세상의 인정을 받는다."
- 〈박종하, [상상력에 불을 지피는 아이디어 충전소], 92~93쪽〉

필자도 초등학교 때 하루도 빠지지 않고 매일 일기를 썼다. 그래서 중학교 때가 되어 보니 공부는 별로 하지 않았지만, 일기 노트는 엄청나게 두껍게 쌓여 있는 것을 본 적이 있다. 지금도 이런 습관은 달라지지 않았다. 필자는 다작가다. 쓰고 또 쓴다. 그래서 작가의 삶을 시작하고 나서 초반 3년 동안은 50권의 책을 폭발적으로 쓴 적이 있다. 그 후로는 책 쓰기 코치로, 독서법 강사로, 수업하는 시간이 책 쓰는 시간보다 더 많아졌기에, 10년 동안 100권 정도의 책이 출간된 것이다.

분명한 사실은 다작가라는 사실이다. 다작한 덕분에 2017년에는 자기계발 1위를 하는 도서도 탄생하게 된 것이고, 매년 연속해서 베스트셀러 도서가 감사하게도 탄생할 수 있었다.

천재는 태어나는 것이 아니다. 천재는 만들어지는 것이다. 무엇에 의해? 엄청나게 많은 양의 훈련과 연습을 통해 만들어지는 것이다. 양이 질을 낳기 때문이다.

"하버드 대학교가 내건 글쓰기 수업의 목표는 '논리적 사고력 향상'입니다. 왜냐하면, 논리력은 모든 사고의 토대이며 개인적, 사회적 성공의 기본이기 때문이지요. 그래서 하버드생은 학교에 다니는 내내, 4년 이상 글쓰기를 배우고 전공에 상관없이 글쓰기를 중심으로 수업을 받습니다. 그리고 여기에서 논리정연하게 메시지를 개발하는 방법, 자신의 메시지를 설득력 있게 전달하기 위한 에세이 쓰기를 배웁니다."

_ <150년 하버드 글쓰기 비법> 중에서

PART

05

〰〰

우리 아이,
책 쓰기 시작하는
7가지 방법

방법 1. 매일 쓰게 한다
_ '질' 보다는 '양'이다

• • •

"글은 써야 는다. 그거야 당연한데, 이 말이 당연한 것은 그것이 사실이기 때문이다. 글쓰기를 배우는 유일한 방법은 강제로 일정한 양을 정기적으로 쓰는 것이다. 신문사에서 매일 글 두세 편을 써야 하는 일을 하면 여섯 달 안에 훨씬 잘 쓰게 될 것이다. 반드시 좋은 글을 쓰게 되는 것은 아니다. 여전히 군더더기와 낡은 표현이 가득할 수 있다. 하지만 종이 위에 언어를 펼쳐놓은 힘과 자신감이 생기고 일반적인 문제를 알게 될 것이다."
〈'글쓰기, 생각 쓰기' 윌리엄 진서〉

글쓰기는 경험한 세계를 증언하는 행위다. 한국인들은 논리 전개, 논리적 글쓰기에 집착한다. 하지만 글쓰기는 논리 전개의 행위가 아니다. 글쓰기는 자신의 삶을 증언하는 행위다.

우리는 삶을 멈추지 않고 살아가고 있다. 그렇다면 글쓰기도 멈추거나 포기해서는 안 된다. '양질 전환의 법칙'을 기억해야 한다. 세상의 모든 것은 이 법칙에서 벗어나지 않기 때문이다.

글쓰기에는 왕도가 없다. 그러나 제대로 글을 쓰는 법은 있다. 하지만 기초 체력 역시 필요하다. 기초 체력이 없는 사람이 훌륭한 축구 선수가 된다는 것은 상상도 할 수 없는 일이다. 글쓰기에도 기초 체력은 필요하다.

매일 쓰는 아이가 글쓰기에 필요한 최고의 체력을 기를 수 있다는 점은 두말할 필요도 없는 사실이다. 명심해야 할 것은 글쓰기를 시작하는 이들에게 질보다 양이 더 중요하다는 점이다.

양이 된 후에 질의 글쓰기가 가능하다. 순서를 바꾸고자 하는 이들은 어리석을 뿐만 아니라 글쓰기를 멈추거나 포기하게 된다. 물이 높은 곳에서 낮은 곳으로 자연스럽게 흐르듯, 글쓰기는 양에서 질로 나아가야 한다. 먼저 엄청난 양의 글을 쓰는 것이 우선되어야 한다.

매일 쓰는 자는 훌륭한 작가가 될 충분조건을 이미 가지고 있는 것과 다름없다.

방법 2. 가벼운 쓰기 주제를 준다
– 쉬운 것부터 쓰게 하라

• • •

책 쓰기 시작하기 위해서 주제 선정은 매우 중요하다. 두 가지 점에서 가장 중요하다고 할 수 있다.

첫 번째는 주제 선정을 잘하면 책 쓰기가 훨씬 쉬워지고 즐거워진다는 데 있다. 주제 선정을 못 하면, 마치 남의 옷을 입은 것처럼 어색하고 부자연스럽게 되고, 자신의 역량을 제대로 발휘할 수 없는 것과 같다.

두 번째는 주제 선정을 잘하면 독자들에게 좋은 인상을 심어줄 수 있다는 데 있다. 많은 초보 작가의 가장 큰 고민은 내가 힘들게 쓴 책이 독자들에게 외면당하는 것이다. 하지만 주제가 좋으면, 독자들이 열광할 것이다.

처음 책 쓰기 시작하는 이들은 주제를 가볍게 선정해야 한다. 즉 주제가 무겁고 어렵고 난해한 것이라면, 당신은 책 쓰기라는 경주를 완주할 수 없을 뿐만 아니라, 책 쓰기라는 여행을 제대로 즐길 수도 없게 된다.

자신이 충분히 쓸 수 있는 주제가 가벼운 주제다. 당신이 밤새 친구들과 이야기하면서 늘어놓아도 바닥이 드러나지 않을 만큼 자신 있는 주제가 당신에게 가벼운 주제다.

책 쓰기의 순서는 쉬운 것부터 시작해서 어려운 것으로 나아가야 한다. 주제가 쉽다면 책 쓰기도 쉬워진다. 하지만 주제가 어렵다면, 책 쓰기는 지옥이 된다. 특히 아이들에게 주제를 어려운 것을 던져 주면 안 된다.

주제 선정을 할 때 주의해야 할 또 한 가지 사항은 주제가 아이들 입장에서 아주 즐겁고 신나는 주제여야 한다는 점이다. 아이들이 전혀 관심도 없는 주제의 책을 쓰라고 한다면, 그것은 마치 하기 싫은 일을 억지로 하라고 강압하는 것과 다름없다.

짜장면이 맛있다고 한 번에 500그릇을 주문해서 다 먹으라고 한다면, 그 아이는 평생 짜장면 근처에도 가지 않을지도 모른다. 부모들이 욕심 때문에 자녀들에게 공부도 이런 식으로 하게 한다. 그래서 대학교를 졸업하고 나면, 평생 책도 읽지 않고, 공부도 하지 않는 그런 사람이 양산되는 것이다.

책 쓰기에서도 마찬가지다. 아이들이 좋아하는 주제로, 가슴 뛰게 해주는 그런 주제를 선정해서 하는 것이 가장 좋다. 그 주제가 아이들에게 일상에서 쉽게 만나고 경험할 수 있는 주제, 즉 가벼운 주제여야 하는 것은 지극히 당연한 일이다.

방법 3. 일기 쓰기를 하게 한다
_ 일기도 훌륭한 책이다

• • •

아이들이 매일 일기를 쓴다면, 이것보다 더 좋은 책 쓰기도 없다. 일기도 역시 훌륭한 책의 일종이기 때문이다. 중요한 것은 아이들이 매일 책 쓰기를 하는 것이다. 매일 일기를 쓰는 아이는 나중에 반드시 좋은 작가가 될 수 있는 조건을 충분히 갖추게 된다.

일기를 쓴다는 것은 자신의 하루를 되돌아보고 성찰하게 하는 혼자만의 시간을 보낸다는 것을 의미한다. 이런 자기만의 시간은 사람을 성장시키고 발전할 수 있게 해 주는 가장 좋은 환경이다.

일기를 매일 쓰는 아이의 삶은 절제된 삶이며, 성찰하는 삶이며, 타인의 관점에서 자신을 바라보고 평가하는 메타 인지 학습의 효과도 얻을 수 있다.

일기를 매일 쓰는 아이는 표현력과 문장력이 좋아진다. 그뿐만 아니라 사고력과 판단력도 매일 향상된다. 이것은 모든 공부와 학문이 추구하는 방향과 목표 중에 가장 중요한 것 중에 하나다.

매일 일기를 쓰거나, 쓰기를 지속한 이들이 학교 교육을 제대로 받지 못했음에도 불구하고 훌륭한 정치인으로, 역사적인 인물로 도약했다는 사실을 우리는 잘 알고 있다. 마키아벨리, 링컨, 레오나르도 다 빈치, 모택동 등이 이런 예라고 할 수 있다.

일기를 쓴다거나, 무엇인가를 매일 쓴다는 것은 상상 이상의 큰 효과가 있다. 필자도 역시 초등학교 때 공부는 그렇게 열심히 하지 않았지만, 일기는 매일 쓴 것으로 기억한다. 매일 일기를 썼기 때문에, 일기장을 쌓아놓으면 책상 높이만큼 된 것으로 기억한다.

매일 일기를 쓰는 아이는 자신의 인생을 주도적으로, 주인으로 살아갈 최소한의 내공을 기르는 것과 다름없다.

방법 4. 필사한다
― 필사도 훈련이다

• • •

대학교 교육을 받고, 이미 성인이 된 사람에게도 책 쓰기는 힘들고 어렵다. 하물며 10대 초반밖에 안 된 초등 5학년에게는 말한 나위도 없지 않은가? 그러므로 처음부터 욕심을 내어서는 안 된다.

짧고 간결하게 쓴 책이면 어떤 책이든 좋다. 이 책들을 조금씩 필사하는 것도 역시 책 쓰기의 기초 훈련과정이다. 필자도 필사를 많이 했다. 초서하게 되면 자연스럽게 필사를 하게 된다.

필사를 많이 하면, 저절로 책을 쓸 수 있는 문장력과 역량을 기를 수 있다. 독서만 많이 해도, 책 쓰기에 도움이 된다. 하지만 필사보다는 못하다. 눈으로만 책을 읽는 사람과 손으로 책을 읽는 사람은 큰 격차가 발생한다.

어느 정도의 수준이 된 사람은 필사하지 않아도 되지만, 책 쓰기 시작할 엄두도 내지 못하는 아이들이나 성인들은 필사부터 시작하는 것이 좋다. 필사를 매일 하다 보면, 어느 시점에서는 스스로 책을 쓰고 싶다는 생각이 든다. 필사를 통해 생각과 의식이 향상되기 때문이다.

특히 아이들에게 필사는 훌륭한 공부법이기도 하다. 필사를 통해 작가의 문체와 문장력을 흉내 낼 수 있기 때문이다. 위대한 거장들은 모두 표절의 대가라는 사실을 잊어서는 안 된다.

모차르트도 음악의 신동이 아니라, 10대 때는 훌륭한 작곡가들의 곡을 표절하면서 자신의 실력을 향상했다는 사실을 잊어서는 안 된다. 책 쓰기 시작하기 힘든 아이들에게 필사는 책 쓰기로 나아가는 첫 번째 과정이다.

책 쓰기를 과감하게 시작할 수 있는 아이는 많지 않다. 그러므로 필사로 책 쓰기 시작해도 좋다.

방법 5. 초서 독서법을 배운다
_ 최고의 독서법이자 책 쓰기 기술이다

• • •

다산 정약용, 마키아벨리의 초서 독서법이란?

초서는 책 쓰기를 하기 위한 최고의 훈련법이자, 독서법이자, 책 쓰기 기술이다. 초서해서 위대한 작품을 쓴 작가가 있다. 바로 다산 정약용이다. 서양에는 마키아벨리가 있다.

이들은 남들이 하지 않는 독특한 독서의 기술, 초서를 통해 위대한 작가, 학자로 도약한 인물이다. 다산은 초서를 통해 500여 권의 책을 저술하였고, 마키아벨리는 군주론을 집필했다.

초서는 천재의 뇌를 만들어 주는 놀라운 독서법이다. 초서 독서법은 최고의 공부법이기 하다. 필자가 집필한 초서 독서법에 관한 책은 두 권

132

이다. 그리고 이것은 한국 사회에서 초서 독서법에 관한 유일한 두 권의 책이기도 하다.

초서 독서법에 대해서 제대로 알고 있는 사람들은 많지 않고, 초서 독서법을 일반인들이 쉽게 접하고 이해하고 배울 수 있도록 초서 독서법에 관한 책을 출간한 사람은 단 한 명도 없다는 사실을 알고서 필자는 매우 실망했고 좌절했다. 그래서 필자가 직접 쓰게 되었고, 필자가 쓴 초서 독서법에 관한 첫 번째 책은 출간되자마자, 국립중앙도서관에서 1년 동안 가장 많이 읽힌 자기계발서가 되었다.

초서 독서법에 대해 오해를 많이 하는 사람들의 가장 큰 부류는 초서 독서법에 대해서 제대로 모르면서, 속단하고 오판하는 이들이다. 조금 성급한 부류이기도 하다. 이런 부류는 초서 독서법이 글자 그대로, 책을 읽고 초서하는 것, 초록하는 것, 메모하는 것이라고 단순하게 생각하는 이들이다. 이들이 이렇게 오해하고 속단하는 이유는 하나다. 초서 독서법에 대해서 제대로 배우거나 공부한 적이 없기 때문이다. 이런 부류의 사람들이 이렇게 된 것은 초서 독서법을 제대로 세상에 알려주는 초서 독서법에 관한 책이 단 한 권도 이전에는 존재하지 않았기 때문이기도 하다.

책 쓰기 시작하는 아이와 어른들이 초서 독서법을 꼭 배우고 익혀야 하는 이유가 있다. 초서 독서법은 한 분야의 전문가로 도약시켜 주는 최고의 독서 방법이기 때문이다.

"읽기는 쓰기의 기초이며 쓰기는 읽기의 연장이다. 읽기와 쓰기는 본래 하나이며 서로 보완하는 개념이다. 양쪽 모두 균형 있게 공부해야 좋은 성과를 거둘 수 있다."

마크 트웨인의 이 말처럼 읽기와 쓰기를 균형 있게 해 줄 수 있는 유일한 독서법이 다산 정약용이 평생 실천한 초서 독서법이다. 그렇다면 초서 독서법은 무엇일까? 여기서는 간단히 설명하겠다. 하지만 초서 독서법은 정말 중요한 독서법이자, 최강의 독서 기술이기 때문에, 반드시 필자가 쓴 초서 독서법 책을 꼭 읽고 이해하고, 연습해서, 초서 독서가가 되기를 부탁하고 싶다. 초서 독서가는 최고의 독서가 수준이라고 자신 있게 말할 수 있기 때문이다.

초서 독서법은 단순하지 않다. 오히려 복잡하고 난해한 독서법이다. 하지만 많은 이들이 오해한다. 그것도 심각하게 말이다. 초서 독서법이 단순히 책의 내용을 기록하는 독서법이라고 말이다. 하지만 초서는 그런 독서법이 아니다. 초서는 아주 무겁고 복잡한 어려운 독서법이다. 초서 독서법은 필자가 경험한 독서법, 삶에 적용한 독서법 중에서 가장 좋은 독서법이다. 아니 그 이상이다.

초서 독서법은 '5가지 단계를 갖추고 있는 매우 신중하게 계획된 심층 독서 훈련법이자 최고의 학습법'이다. 그 5단계는 무엇일까? 입지 ▶ 해독 ▶ 판단 ▶ 초서 ▶ 의식 확장이다.

초서 독서법은 읽기 + 생각하기 + 쓰기 + 창조하기다

초서 독서법의 5단계를 간단히 설명하면 이렇다. 먼저 입지 단계다. 입지 단계는 독서를 하기 전에 하는 독서 전 단계다. 이때 반드시 먼저 근본을 확립하는 독서 전 준비 단계라고 할 수 있다. 다산 선생은 다음과 같이 주장했다.

"독서를 하려면 반드시 먼저 근본을 확립해야 한다."

독서를 하기 전에 사전 준비 단계가 필요하다고 그는 말한다. 실제로 독서를 무작정 하는 것보다 사전에 프리뷰를 하게 되면 독서 속도와 이해에 모두 도움이 된다. 준비 단계로 프리뷰를 하면서, 이때 자신의 주관과 의견을 살피고, 자신의 근본을 확립하는 단계가 바로 첫 번째 단계이고, 필자는 이것을 간단하게 입지 단계라고 한다. 입지 다음 단계가 책을 읽는 읽기 단계인 해독 단계다. 책의 내용을 읽고 이해하면서 뜻과 의미를 찾는 단계다. 다산 선생이 강조한 독서는 담벼락을 보는 것과 같은 허투루 하는 독서가 아니다. 한 단계 한 단계 심혈을 기울이면서 하는 독서가 우리가 추구해야 하는 독서다.

"독서는 뜻을 찾아야 한다. 만약 뜻을 찾지 못하고 이해하지 못했다면 비록 하루에 천 권의 책을 읽는다고 해도 그것은 담벼락을 보는 것과 같다." 〈시경 강의서〉

독서를 하면서 제대로 이해하고 뜻과 의미를 찾는 단계다. 보통 일반인들이 하는 독서라고 하는 것을 말한다. 필자는 이 단계를 해독 단계라고 한다.

읽기 단계 다음 단계가 생각하는 단계다. 이것을 판단하는 단계, 즉 판단 단계라고 부른다. 이 단계는 읽은 내용을 수동적으로 수용하는 것이 아니라 능동적으로 따지고 헤아리고 비판하고 저울질하는 생각 단계다. 널리 고찰하고 자세히 살펴, 그 의미를 찾아내고, 그것으로 그치거나 만족하는 것이 아니라, 여기서 한 발자국 더 나가 반드시 자기 뜻과 비교해서 판단하고, 그 판단을 기준으로 취할 것은 취하고 버릴 것은 버리는 취사 선택하고 판단하는 단계다.

> "내가 몇 년 전부터 자못 독서할 줄 알았는데 헛되이 마구잡이로 읽으면 하루에 천 권, 백 권을 읽어도 오히려 읽지 않음과 같다. 모름지기 독서란 한 글자라도 뜻을 이해하지 못하는 곳을 만나면 널리 고찰하고 자세히 살펴 그 근원을 찾아내야만 한다." 〈기유아〉

자기 생각을 기준으로 취할 것은 취하고 버릴 것은 버리는 단계가 바로 세 번째 단계이다. 이 단계에서 책을 읽는 독자들은 많은 것들을 생각하게 되고, 사고하게 된다. 읽기만 하고 생각하지 않으면 위험하고, 생각만 하고 읽지 않아도 문제가 있다.

초서 독서법을 자세히 살펴보면 놀라운 것이 한둘이 아니다. 초서 독서법이라는 한 가지 독서법 안에 읽기와 쓰기, 생각하기, 인출하기, 정교화하기, 메타 인지하기 등 총 6가지 심층 학습 과정이 담겨 있다는 사실을 필자도 늦게 발견하고 굉장히 놀라워한 적이 있다. 초서 독서법을 독서법으로 활용하고 접목해서 그 결과 인생이 바뀐 사람조차도 8년이 지나고 나서야 겨우 깨닫게 된 초서 독서법의 놀라운 원리는 상상 그 이상이었다.

세 번째 생각하기 단계 다음이 바로 네 번째 단계인 쓰기 단계다. 물론 책을 읽으면서 좋은 내용이나 큰 교훈이 되는 내용, 핵심 내용, 기록이 필요한 부분 등을 쓰는 것도 가능하다. 하지만 그때 쓰기는 진정한 초서가 아니다. 그것은 단지 적기일 뿐이다. 네 번째 단계에서의 쓰기가 바로 초서다. 읽기와 생각하기가 끝난 후에 드디어 손을 사용하여 적고 기록하는 초서 단계가 시작된다. 쓰고 기록하는 것이 왜 중요할까? 아무리 좋은 생각도 초서하지 않으면 기억에 남지 않기 때문이 아니다. 물론 그런 기능도 있지만, 더 중요한 이유가 따로 있다. 무엇일까? 초서하면 무엇보다 뇌에 각인된다. 즉 초서해야 뇌가 더 활성화되고 뇌가 움직이기 때문이다. 그래서 이 독서법의 5단계 중에서 가장 중요한 부분이 초서 단계이기 때문에 독서법의 이름이 초서인 것이다.

"어느 정도 자신의 견해가 성립된 후 선택하고 싶은 문장과 견해는 뽑아서 따로 필기해서 간추려 놓아야 한다. 그런 식으로 한 권의 책을 읽더라도 자신의 공부에 도움이 되는 것은 뽑아서 적고 보관하고, 그렇지 않은 것은 재빨리 넘어가야 한다. 이런 방법으로 독서를 하면 백 권의 책이라도 열흘이면 다 읽을 수 있고, 자신의 것으로 삼을 수 있게 된다." 〈두 아들에게 답함〉

초서 독서법의 4단계가 적고 기록하는 쓰기 단계인 초서 단계이다. 그런데 이 쓰기 단계로 모든 것이 끝나는 것이 아니다. 여기서 가장 중요한 마지막 단계로 넘어가야 비로소 초서 독서법이 완성된다.

마지막 다섯 번째 단계는 지금까지 읽고 생각하고 썼던 모든 것을 통합하여 새로운 자기만의 견해, 의식, 지식을 창조하는 단계다. 이것을 필자는 의식 확장 단계라고 명명했다. 그런데 이 단계의 의식 확장 단계에서 강조하는 기법은 자기 생각에 관한 생각, 즉 메타 인지 재학습 과정이다. 이 단계는 기존의 그 어떤 독서법에도 없는 과정이며, 그 어떤 과정도 따라 할 수 없는 깊이 있는 학습 과정이다. 이 과정은 기존의 독서법과 학습법까지도 훌쩍 뛰어넘는 차원이 다른 심층 이해 과정이며, 더불어 현대 교육학에서 강조하는 메타 인지 학습법이 포함된 심화 인지 단계이자, 심층 학습 과정이다. 책의 내용만을 수동적으로 이해하는 과정에서 훨씬 더 벗어나서 책의 내용과 자신의 견해를 저울질하는 판단 단계와 그 과정의 모든 내용을 기록하는 초서 단계를 다 거친 후에 비로소 자신의 지식에 대해서 지식하고, 자신의 견해에 대해서 생각하는 메타 인지 심층 학습 과정이 바로 의식 확장 단계다. 이 과정을 통해 독자들은 무엇보다 책의 내용이 아닌, 자기 자신의 근원과 뜻을 찾아내는 과정을 반복

하고, 독서의 범위를 확장해서 심층 학습을 하는 것이다. 다산이 강조한 것은 독서가 아니라, 독서를 통해서 반드시 뜻을 찾아내고, 그 근원을 찾아내는 과정이다.

"독서는 뜻을 찾아야 한다."
"그 근원을 찾아내야만 한다." 〈기유아〉

여기서 다산이 강조한 뜻, 그 근원은 단순히 책의 내용을 이해하는 것을 의미하지 않는다. 그 근원은 책의 내용을 토대로 비판하고 생각해서 결국 자신의 주관과 의견을 확장해 제대로 된 자신의 의식을 이야기한다고 필자는 생각한다. 그래서 다산은 비록 하루에 천 권의 책을 읽는다고 해도 만약 뜻을 찾지 못한다면 그것은 담벼락을 보는 것과 다름없다고 강조했다.

초서 독서법은 책을 읽고, 이해하는 단계에 머물지 않고, 그 범위를 훌쩍 뛰어넘는 독서법이다. 오히려 독서법이라기보다는 수준 높은 학습법이면서 '책 쓰기 기술'이라고 해도 될 정도다. 실제로 심층 이해 학습방법이 다 포함되어 있기 때문이다. 초서 독서법은 책의 내용에 대해서 생각하고 판단하고 생각하는 데서 그치는 것이 아니다. 읽고 생각한 그 모든 것을 직접 손으로 적고 기록하는 과정도 포함된 독서법이다. 또한, 여기서 멈추어도 굉장히 과학적이고 효율적인 좋은 독서법이라고 할 수 있다. 하지만 여기서 그치지 않고, 우리가 상상도 하지 못했던 과정도 포함되어 있다.

그것은 바로 현대 교육학에서 그렇게 강조했던 메타인지 학습법이다. 즉 초서 독서법은 반드시 자기 생각과 주관의 변화에 대해서도 근원을 찾아서 파헤치고 그것까지 기록하고 성찰하고 그런 과정을 통합해서 자신의 새로운 견해와 지식을 창조까지 하는 독서법이다.

초서 독서법에 포함된 여섯 가지 놀라운 비밀

초서 독서법에 포함된 현대 교육학적 요소와 뇌 과학적인 요소를 살펴보면 더 놀라운 사실을 알게 된다. 초서 독서법에 포함된 다섯 가지 비밀을 살펴보자.

첫째. 메타 인지 학습법이 포함된 최고의 학습법이다.
현대 교육학에서 강조하는 메타 인지 학습법이 1단계와 5단계에 이미 포함되어 있다. 그러므로 책의 내용을 더 심층 이해하고 잘 이해할 수 있을 뿐만 아니라 한 권을 읽어도 엄청난 독서 효과가 있는 것이다.

둘째. 속도보다 더 중요한 이해와 기억을 위한 기억 독서법이다.
초서 독서법은 속도보다 더 중요한 이해를 위한 독서법이다. 하지만 단순히 책의 내용을 이해하는 독서법에 불과한 것이 아니다. 장기 기억

140

을 강화하는 방법인 인출 작업과 정교화 작업이 포함되어 있다. 공부한 내용이나 책 내용을 기억하기 위해서는 그것들이 장기 기억이 되어야 한다. 그런데 우리 뇌가 장기 기억을 하는 가장 좋은 조건과 방법은 인출 작업과 정교화 작업이다. 그런데 그 어떤 독서법에도 이런 인출 작업과 정교화 작업이 포함된 적이 없었다. 하지만 초서 독서법에는 인출 작업과 정교화 작업이 다 포함되어 있다.

셋째. 생각하게 해 주는 사고 독서법이며, 의식을 확장해 주는 의식 독서법이다.

이것이 어디인가? 공자는 배우기만 하고 생각하지 않으면 어리석어진다고 했고, 맹자는 생각하면 얻고, 생각하지 않으면 얻지 못한다고 했다. 즉 초서 독서법은 수동적인 이해에서 벗어나 주도적으로 생각하게 해 주는 생각 독서법이다. 그리고 초서 독서법은 한 권의 책을 읽어도 책 내용에 국한되어 생각하는 것이 아니라 자신의 견해와 의식을 덧붙여서 더 넓게 생각하고 판단하고 창조적인 비판을 하게 해 주는 독서법이다. 초서 독서법은 책의 내용을 제대로 이해하는 것은 물론이고, 독자가 엄청나게 많이 생각하고, 사고하게 할 뿐만 아니라 새로운 견해와 의식을 확립시켜 주고, 의식 확장까지 시켜 주는 놀라운 독서법이라고 할 수 있다.

넷째. 신이 준 선물인 뇌를 깨우고 훈련해주는 전뇌 독서법이다.

손을 사용해서 계속해서 기록하고 또 기록하게 함으로써 해마와 대뇌 피질이 상호 정보 교류를 원활하게 해 주고, 후두엽과 전두엽, 측두엽과 두정엽은 물론이고, 전전두야까지 확장해 주고 움직이게 해 준다. 왜냐하면, 우리 몸의 전 영역 중에서 인간의 뇌에 가장 크게 널리 분포된 몸의 장기가 단연코 손이기 때문이다. 캐나다의 유명한 신경외과 의사였던 와일드 펜필드의 뇌 지도인 '호문클로스'를 보면, 확실하게 이해가 갈 것이다. 손과 손가락 부위가 대뇌피질의 감각 영역과 운동영역을 비롯한 뇌의 전 부위를 차지하고 있음을 알 수 있다.

다섯째. 천재를 만드는 천재 독서법이다.

초서 독서법으로 독서를 하면 뇌 전체가 움직인다고 생각할 수 있다. 이렇게 뇌 전체가 움직여야 좀 더 깊은 심층 이해가 가능하다. 심층 이해를 많이 할수록 천재로 도약할 수 있게 된다. 이것을 도와주는 유일한 독서법이다. 우리가 책을 눈으로만 읽으면 안 되는 이유가 여기에 있다. 눈으로만 읽으면 뇌 전체가 아닌 일부분만 움직이고 그로 인해서 부분적인 이해, 파편적인 이해, 표피적인 이해만 할 수 있기 때문이다. 메모나 기록을 좋아하는 사람들이 모두 비범한 성과를 내고, 천재 중에 기록을 좋아하는 사람들이 많은 이유가 여기에 있는 것이다. 초서 독서법은 속도보다 더 중요한 이해와 기억을 위한 독서법이다. 그리고 이해와 기억보다 더 중요한 사고와 통찰력을 위한 독서법이고, 동시에 뇌를 자극하고 깨우고 활용하는 전뇌 독서법이다.

한 분야의 전문가로 도약시켜 주는 독서법

한 분야의 전문가가 되기 위해서 당신은 어떤 방법을 선택하는가? 필자는 두 가지 방법을 권장한다. 하나는 그 분야의 책을 1000권 정도 독파하는 방법이고, 또 다른 하나는 그 분야에 대한 책을 한 권 집필하는 방법이다. 그런데 다산 정약용 선생은 독서, 초서, 저서를 강조했다. 즉 초서는 결국 저서를 하게 되는 중간 과정이라는 것이다. 그런 점에서 초서 독서법은 독자가 저자가 될 수 있게 해 주는 교량 역할을 하는 독서법인 것이다. 다리가 없으면 절대로 큰 강을 건널 수 없지만, 다리가 있으면 쉽게 강을 건널 수 있다. 초서 독서법이 바로 독서와 저서 사이에 놓인 큰 강을 쉽게 건널 수 있게 해 주는 다리와 같은 역할을 하는 독서법인 것이다.

실제로 평생 독서만 하는 사람들이 있다. 하지만 초서 독서법을 실천해서 꾸준히 한 사람이라면 책을 쓰는 것이 그렇게 어렵고 힘든 일이 아님을 알 수 있다. 그 이유는 무엇일까? 초서 독서법이 결국에는 저서를 하는 것과 원리나 방법이 거의 비슷하기 때문이다.

가장 빨리 쉽게 전문가가 되고, 전문가로 인정받는 방법과 길이 있다. 무엇일까? 그것은 바로 그 분야의 책을 한 권 집필하고 출간하는 것이다. 출간된 책이 많이 팔려서 베스트셀러가 되면 그 즉시 그 사람은 그 분야의 전문가로 귀한 대접을 받고 높게 인정을 얻게 된다. 한 분야의 전문가가 되기 위해서는 오랜 시간 노력해야 한다. 이것은 불변의 진리다. 하지만 성과나 효과 면에서는 다를 수 있다. 똑같이 1만 시간을 노력하고 연습을 해도 세계적인 수준으로 도약하는 사람과 그렇지 못한 사람이 엄연히 존재한다. 그 차이는 무엇일까? 그것은 바로 방법의 문제다. 천재가되기 위해서는 무조건 연습만 한다고 해서 되는 것이 아니다. 물론 1만시간의 연습량이 필요한 것은 틀림없는 사실이다. 하지만 연습량과 함께 필요한 것이 있다. 그것은 신중하게 계획된 제대로 된 심층 연습 방법이다. 독서 천재가 되기 위해서도 제대로 된 심층 연습 방법과 같은 독서법이 필요하다. 그런데 초서 독서법이야말로 제대로 된 신중하게 계획된심층 연습 독서 방법인 것이다.

초서 독서법은 새로운 차원의 최고의 공부법이다.
_ 초서와 교육심리학

"독서에는 세 가지가 있는데, 입으로 읽고, 눈으로 읽고, 손으로 읽는 독서다. 그중에서 가장 중요한 것이 손으로 읽는 독서 '초서'이다."_ 다산 정약용

조선 시대 최고의 공부의 신은 누구인가? 한두 명을 선택하기에는 너무나 어려운 문제다. 왜냐하면, 우수한 공부의 신들이 굉장히 많이 있었음을 우리는 안다. 율곡 이이, 퇴계 이황, 다산 정약용……. 수도 없이 많

은 공부의 신들이 있었다. 하지만 그중에서도 가장 눈에 띄는 인물은 단연코 다산 정약용이다. 왜냐하면, 다산은 18년간의 강진 유배 기간 500여 권의 공부의 성과를 남겼기 때문이다. 공부를 열심히 한 사람은 많다. 평생 쉬지 않고 공부만 한 사람도 많다. 평생 공부를 업으로 생각하며 공부에 일생을 헌신한 사람도 많다. 하지만 눈에 띄는 성과를 낸 사람은 많지 않다. 그리고 현대에도 마찬가지다. 기존의 교수법이나 학습법 등이 별로 도움이 되지 않는다고 말하는 사람이 있다. 최신 인지심리학이 밝혀낸 성공적인 학습법에 대해서 살펴보자.

연속적인 반복 읽기가 과연 기억을 강화할까? 최근 연구 결과에 따르면 연속적인 반복 읽기는 어떤 조건에서도 효과적인 학습법이 아니라고 밝혀졌다. 반복 읽기가 효과적이지 못한데도 많은 이들이 선호하는 이유는 무엇일까? 교재를 여러 번 반복 읽기를 하면서 내용에 익숙해지면, 그것을 완전히 소화했다고 착각하기 때문이라고 한다.

우리는 대개 잘못된 방식으로 배우고 있고, 공부하고 있고, 독서를 하고 있다. 그 덕분에 독서를 많이 하고, 공부를 많이 해도, 성과가 미비한 것이다. 바로 이런 점에서 최고의 성과를 창출한 사람과 그 방법에 우리는 집중해야 한다. 다산이 머리가 똑똑해서 그런 성과를 창출했을까? 아니다. 방법의 문제라고 필자는 생각한다. 왜냐하면, 다른 선비들과 다산의 공부 방법은 확연한 차이가 나기 때문이다. 다산이 최고의 지식경영자가 되어, 최고의 성과를 창출한 비결은 무엇일까? 그의 남다른 공부 방법에 있고, 그것이 바로 초서 독서법이다.

인지과학자 헨리 뢰디거와 마크 맥대니얼은 일반적인 공부법은 모두 헛수고라고 주장한다. 그리고 그들이 주장하는 최고의 공부법은 놀랍게도 다산이 실천했던 초서 독서법과 여러 방법에서 일치한다. 최근 인지심리학자들이 밝히는 최고의 공부법과 초서 독서법의 공통점이기도 한 최고의 학습법이기도 한 요소는 무엇일까? 가장 큰 특징을 몇 가지 살펴보면 이렇다.

첫째. 자신이 무엇을 알고 있는지 아닌지에 대해서 스스로 결정한다.
둘째. 스스로 질문하고 대답하고 판단하고 저울질한다.
셋째. 눈으로만 읽고 공부하는 쉬운 공부법이 아니다.
넷째. 제대로 소화하기 위한 인출 작업을 하는 공부법이다.
다섯째. 기억에 오래 남는 정교화 작업을 하는 공부법이다.

공부를 못 하는 학생들에게 가장 쉽게 나타나는 현상이 자신의 무지에 대해서 제대로 인식하지 못하고 있다는 것과 자신의 지식을 향상할 전략과 방법도 제대로 인식하지 못하고 있다는 것이다. 공부를 잘하는 친구들은 스스로 질문하고 대답하고 판단하고 저울질하는 능력이 뛰어나다. 공부를 못 하는 친구들은 대부분 여러 번 반복 읽기와 같은 너무 쉬운 공부 방법을 선호한다. 하지만 공부를 잘하는 친구들은 쉬운 방법보다는 제대로 소화하고 자신의 것으로 확실하게 만드는 인출 작업을 한다. 그리고 공부한 것이 가장 오래 머리에 남기 위해서는 정교화 작업을 해야 한다. 최근 인지심리학에서 강조하는 인출 작업과 정교화 작업이

146

놀랍게도 다산이 평생 실천했던 초서 독서법의 과정에 다 포함되어 있다는 사실을 필자도 최근에 알고 매우 놀란 적이 있었다. 초서 독서법이 최고의 학습법이라는 사실은 최근 인지심리학을 통해서도, 성과를 통해서도 확실하게 알 수 있다.

초서 독서법은 메타 인지 학습법이다.

메타인지란 자기 생각에 대해 생각하고 판단하는 능력을 말한다. 이 용어는 1970년대 발달심리학자 존 플라벨(J.H.Flavell)에 의해 만들어진 용어다. '자기 생각에 대한 생각을 얼마나 잘하는가?', '자신의 인지 능력과 인지 활동에 대한 인지를 얼마나 잘하는가?'에 대해 판단하고 조절할 수 있는 능력이다.

메타란 말이 한 단계 고차원을 의미하는 단어이고, 인지란 말이 무엇인가를 알게 되고 깨닫게 된다는 의미의 말이다. 즉 메타인지란 한 차원 높게 자신에 대해 인지하고 깨닫게 되는 능력을 말한다. 자기가 생각하고 있는 생각이 맞는지, 자기 생각에 대해 생각을 하는 것이 바로 메타인지다. '자신의 소신이 객관적인지?', '자기 생각이 편협하지 않은지?', '자신의 주관과 견해가 너무 한쪽으로 치우치거나, 너무 수준이 떨어지는 것은 아닌지?' 등에 대해 끊임없이 질문하고, 자기 생각에 대해 생각하는 것이다. 이런 고차원적인 생각과 판단 능력이 학습과 교육학에서 중요하게 생각되고, 최고의 학습법으로 인정받는 이유는 무엇일까?

그것은 바로 공부를 하는 학생이 '나는 이번 수학 시험에서 80점을 맞을 수 있는가?'에 대해서 스스로 판단하고 평가하여, '만약에 맞을 수 없다면 내게 부족한 게 수학의 기초인지 이해력인지, 아니면 학교 공부인지?'를 스스로 판단하는 데 필요한 것이 메타인지 능력이고, 그런 메타인지 능력이 높은 학생들이 공부를 잘한다. 실제로 공부를 잘하는 학생들과 못 하는 학생들 사이에 확연한 차이가 드러나는 부분은 공부하는 시간이나 지능 지수가 아니라 메타인지라는 사실이 이미 많은 실험을 통해 밝혀졌다.

메타인지도 여러 가지 종류가 있다. 자기 자신이 얼마만큼의 지식과 능력을 갖추고 있는지에 아는 메타인지, 어떤 일을 하는 데 얼마만큼의 시간과 노력이 들어갈지 아는 메타인지, 학습이나 지식을 습득할 때 어떤 방법과 전략을 선택해야 할지 아는 메타인지 등이 있다. 초서 독서법이 바로 메타인지 학습법인 이유가 바로 여기에 있다. 초서 독서법의 1단계와 5단계, 그리고 3단계를 진행할 때 하는 것이 바로 메타 인지 활동이기 때문이다. 자신의 지식과 견해, 생각에 대해서 생각하고 판단하고, 의식을 확장해 나가면서 책에 대해서만 알아나가는 것이 아니라, 바로 자기 자신에 대해서 더 많이 생각하고 판단하고 성찰하게 해 주는 것이 바로 초서 독서법인 셈이다. 독서를 제대로 하기 위해서는 책의 내용만을 이해하는 것으로는 부족하다. 아무도 이런 사실에 대해서 주목하지 않았을지도 모른다. 메타 인지란 책의 내용에 대해서 이해하는 것과 더불어 자신의 지식과 이해 정도에 대해서 점검하고 제어하는 또 다른 인지 능력인 것이다.

책을 읽고 이해하는 것도 힘들고 급급한 사람들이 많다. 아니 많은 사람이 읽고 이해하는 것도 쉬운 일이 아니라고 하소연할지도 모른다. 그런데 어떻게 읽고, 이해하는 것뿐만 아니라 자신의 읽고 있는 내용과 정보, 지식과 인지 과정과 인지 방법, 순서, 인지 내용, 인지 범위 등 거의 모든 것을 판단하고 점검하고 수정하고, 의식 확장까지 하라는 말인가? 바로 이런 측면에서 초서 독서법은 탁월한 메타 인지 훈련법이다. 한 번에 하는 것이 힘들고 어려워서 초서 독서법은 이 모든 것을 여러 단계로 나누어서 하는 것이다. 바로 이런 점에서 초서 독서법이 굉장히 체계적인 메타 인지 독서법이며 학습법이라고 필자가 주장하는 것이다.

그렇다면 메타 인지 능력을 향상하는 방법은 무엇일까? 자신이 무엇을 알고 있는지 없는지에 대한 끊임없는 판단과 예측을 많이 하고, 여기서 멈추지 않고, 그 판단과 예측에 대해서 또 점검하고 자신의 의식과 지식을 확장해 나가는 것이 최고의 방법이다. 그런데 초서 독서법은 이 모든 과정을 놀랍게도 처음부터 끝까지 완벽하게 다 하는 과정이다.

초서 독서법으로 독서를 6개월 정도 한 사람은 책 한 권을 쉽게 쓸 수 있는 경지에 오르게 된다.

방법 6. 자신을 소개하는 글을 쓰게 한다
– 시작은 한 걸음부터

• • •

대학 입학 때 자기소개서를 작성하는 것은 매우 중요하다. 하지만 한국보다 더 중요시하는 곳이 미국이며, 하버드대학교다. 자기소개서를 제대로 쓸 수 있는 사람은 충분히 책을 쓸 수 있는 사람의 역량과 기술을 갖춘 사람이기 때문이다.

자신의 분야에서 공부만 잘하고, 연구만 잘하는 사람은 크게 성장하지 못한다. 책 쓰기를 잘하는 사람, 자기소개서를 비롯한 뭔가를 잘 설명하고 소개하고 세상에 알릴 수 있는 글쓰기 기술을 갖춘 사람이 더 크게 높게 성장한다. 이것은 글쓰기가 가져다주는 엄청난 효과 덕분이다.

책 쓰기를 하기 전에 먼저 기억해야 할 한 가지 사항이 있다. 그것은 천릿길도 한 걸음부터라는 사실이다. 첫술에 절대 배부르지 않다. 그러므로 천천히 지속해야 한다. 처음에는 자기소개서를 쓰게 하는 것부터 시작하는 것이 좋다.

자기소개서를 쓰다 보면, 모든 사람이 공통으로 느끼는 것이 있다. 바로 쓸 것이 너무 없다는 것이다. 그래서 책 쓰기를 통해서 자신을 더 발전시키는 것의 필요성을 느낀다. 자기소개서를 쓰다 보면, 인생 장래 계획도 자연스럽게 세우게 된다. 그리고 지금까지 자기가 어떤 삶을 살아왔고, 자신의 인생에서 가장 중요한 것은 무엇인지, 무엇을 목표로 살아가고 있는 것인지, 목표가 없는 사람은 비로소 삶의 목표나 삶의 기준이나 원칙을 생각하게 된다. 이것이 글쓰기의 보이지 않는 효과다.

자기소개서 대행업체들이 적지 않다. 물론 자기소개서를 쓰기 힘들어하는 수험생들에게 도움을 준다는 데 있어서 긍정적이다. 하지만 자기소개서를 자신의 손으로 직접 쓰지 못 하는 아이가 대학에 입학해서 제대로 된 공부를 해나가고, 논문을 쓸 수 있을까? 그렇게 할 수 없으니까, 표절이 난무하는 것이다.

자기소개서는 자신이 직접 써야 한다. 타인이 써 주는 것은 편법이다. 편법으로 세상을 살아가는 사람은 평생 쉽고 편한 편법의 삶을 살게 된다. 그중의 하나가 표절이고, 부정 취업이다.

우리 아이들에게 정정당당하게 살아가는 법을 가르치는 것도 부모의

몫이다. 초등 5학년 아이가 미리미리 자기소개서를 작성해 나간다면,
충분히 혼자서 자신을 소개하는 글쓰기를 잘할 수 있게 되는 것은 당연
하다.

방법 7. 부모와 함께 매일
시간을 정해 놓고 쓰기를 한다
_ 자녀에게 소중한 추억을 선물해 주는 것이다

• • •

아이들이 책을 쓸 수 있는 사람이 된다면, 그 아이의 삶의 수준과 차원은 매우 높아진다. 책을 쓴다는 것은 타인을 이끌고 주도한다는 것을 의미하고, 타인에게 큰 영향력을 발휘하는 것이기도 하기 때문이다.

우리 아이가 책을 쓸 수 있는 사람이 되기 위해 가장 중요한 것은 부모가 함께하는 것이다. 부모는 드라마만 보면서, 자녀에게 책을 쓰라고 하는 것은 어불성설이다. 부모가 자녀와 함께 책 쓰기를 해야 한다. 함께 책상에 앉아서 책을 쓰는 경험은 자녀에게도 소중한 추억이 될 것이며, 자녀가 나중에 혼자서 책을 쓸 때마다 그때의 소중한 경험을 기억하게 될 것이다.

함께 여행가고, 함께 노는 것도 소중한 추억이다. 하지만 함께 책을 쓰는 경험과 추억을 가진 아이는 몇 명이나 될까? 부모의 관점에서 이 방법은 매우 하기 힘든 것이다. 하지만 가장 효과적이다. 세상에 공짜는 없다. 당신이 힘든 만큼 자녀는 더 크게 더 잘 성장한다.

자녀에게 무엇과도 바꿀 수 없는 소중한 추억을 선물해 주는 일이다. 자녀가 책을 쓰게 하는 최고의 방법은 부모가 먼저 책을 쓰고 출간하면 된다. 아이들은 자신의 부모가 매일 집에서 하는 행동을 가장 많이 따라 한다.

부모가 매일 TV 드라마만 보면서 거실 소파에 누워있는 모습만 보고 자란 아이는 그 부모와 똑같은 인생을 산다. 하지만 매일 집에서 서재에서 책을 읽고 책을 쓰는 부모의 모습만 보고 자란 아이는 자연스럽게 그 부모와 똑같은 삶을 산다.

부자의 집에 가면 가장 큰 특징이 엄청나게 큰 서재와 많은 책이다. TV 드라마만 보면서, 거실 소파에 머무는 시간이 많은 부모가 부자이거나 작가인 경우는 드물다. 자녀에게 먼저 좋은 부모가 되어야 한다. 그런 점에서 부모가 먼저 이 책을 읽고, 책 쓰기 시작해야 한다. 시작이 반이다. 시작하고 지속하면, 멀지 않아 당신의 이름으로 된 책이 출간된다.

자녀에게 최고의 교육은 부모가 본을 보이는 것이다. 부모가 먼저 책을 써야 한다. 선진국일수록 많은 사람이 책을 쓰고, 출간한다. 당신도 가능하다.

'하버드생의 71퍼센트는 1년에 평균 여섯 쪽 분량의 보고서를 열 편 이상 쓴다.
4년간 제일 신경 쓰는 분야도 글쓰기다. 교수의 지도도 받아야 하고 친구들의
조언도 듣는 것이 좋다. 자신의 의견을 글로 표현할 줄 아는 능력은 대학 생활이
나 직장 생활에서 결정적인 성공 요인이다.'

<강인선, [하버드 스타일] 중에서>

초등 5학년
책 쓰기,
인생을 바꾼다

인생의 수준이 달라진다

• • •

초등 5학년인 우리 아이가 책 쓰기를 한다면, 그 아이의 인생이 달라진다. 인생의 수준과 차원이 달라진다. 사람 사는 것이 다 똑같다고 하지만, 부자와 가난한 사람의 삶의 내용과 질은 전혀 다르다.

서울 강남에서 100평이 넘는 저택에 사는 사람, 억대 수입 자동차가 여러 대를 가지고 있고, 제주도와 강원도에 별장이 여러 개 있고, 아시아나 항공에 다이아몬드 회원이고, 미국 뉴욕에 일 년에 여러 번 가서 몇 달씩 머물다가 올 수 있는 그런 경제적, 시간적 여유가 있는 사람의 삶과 월세와 전기세 10만 원도 낼 돈이 없어 독촉에 시달리며 하루하루 살아가야 하는 가난한 사람의 삶은 전혀 다르다.

같은 세상에 살고 있지만, 대한민국 1% 부자와 하위 1% 가난한 사람의 삶의 수준은 전혀 다르다. 이런 격차를 만드는 것 중의 하나가 바로 책 쓰기 격차다. 책 쓰기를 하는 사람과 하지 않는 사람의 사회적 지위, 경제적 수준, 연봉의 차이가 확연하게 있다는 것을 다른 저서에서 말한 바 있다.

필자도 영어 격차라는 말 대신, 책 쓰기 격차라는 말을 처음 사용한 적이 있다. 책을 쓰는 사람의 사회적 지위, 경제적 수준이 다 높아진다고 확실하게 말할 수 있다. 그런데 초등학교 5학년인 우리 아이가 책 쓰기를 다른 아이들보다 먼저 시작한다면, 그 아이의 장래는 매우 밝다고 할 수 있다.

책 쓰기를 통해 인생의 수준이 달라진 위인들은 한둘이 아니다. 필자가 쓴 [초등 책 쓰기 혁명]이란 책에 보면 이런 글이 나온다.

"얼마나 많은 양의 책을 읽느냐가 중요한 것이 아니다. 단 한 권의 책이라도 쓸 수 있는 아이는 생각이 다르고, 차원이 다르고, 수준이 다르다. 이것이 책 쓰기의 성과다.

다산 정약용, 마키아벨리, 링컨, 레오나르도 다 빈치, 버락 오바마, 찰스 다윈, 프로이트, 에릭 호퍼, 이순신을 비롯한 위대한 인물들은 누구보다 쓰기를 평생 했던 이들이고, 무엇보다 책 쓰기를 잘하는 사람들이었다. 이들이 처음부터 훌륭한 능력자들이어서 책 쓰기를 잘했던 것이 아님을 알아야 한다. 그 반대다.

책 쓰기를 남들보다 좀 더 빨리 시작했고, 좀 더 많이 했기 때문에, 남들보다 사고력과 창의성이 뛰어난 인물이 될 수 있었던 것이고, 책 쓰기를 통해서 그들은 누구보다 빨리, 누구보다 더 크게 성장할 수 있었다.

찰스 다윈은 평생 책을 썼다. 그가 발표한 논문은 무려 119편이다. 그가 그 논문을 썼기 때문에 그는 위대한 학자로 도약을 할 수 있었다고 나는 생각한다.

심리학의 거장이며, 정신분석학의 창시자인 프로이트도 평생 책을 썼다. 그것도 엄청 많이 말이다. 그는 평생 650편의 논문을 발표했다.

다산은 18년 동안 500여 권이라는 엄청난 양의 책을 썼다. 그 책을 쓰면서 그는 천재로 도약한 것이다. 천재였기 때문에 책을 많이 쓸 수 있었던 것이 아니다.

정규 교육도 제대로 받지 못했던 마키아벨리, 링컨, 레오나르도 다 빈치, 에릭 호퍼를 위대한 인물로 도약시켜 준 것은 그들이 스스로 시작한 책 쓰기에 있다. 책 쓰기가 그들을 성장시켜 주었고, 정규

교육을 뛰어넘을 수 있게 해 주었다."_〈김병완, 초등 책 쓰기 혁명 중에서〉

한 인간의 삶을 결정하고, 수준을 만드는 것은 그가 읽고 쓴 책이라고 할 수 있다.

삶의 주인으로
살아가게 해 준다

• • •

"교육이 사고의 기술에 얼마나 관심을 기울이지 않는가 하는 사실은 놀라울 정도다. 교육가들 사이에는 정보와 지능이면 충분하다는 불합리한 믿음이 있다. 하지만 지능이 자동차의 마력이라면, 사고는 자동차를 달리게 하는 기술과도 같다. 지능은 대단히 높지만, 생각을 잘 못 하는 사람들이 있고 그들보다 지능은 낮지만, 생각을 더 잘하는 사람들이 있다.

사고하는 법을 배우면 자신의 삶을 통제할 수 있게 된다. 상황과 감정, 다른 사람들에 의해 밀려다니는 대신 스스로 생각하고 결정을 내릴 수 있게 된다." 〈에드워드 드 보노, [생각의 공식], 12~14쪽〉

책을 쓴다는 것은 사고하는 법을 배우는 것과 같다. 사고하는 훈련을 가장 잘할 수 있게 해 주는 것이 책 쓰기다. 공부만 잘하는 아이들과 책 쓰기를 하는 아이들의 가장 큰 차이는 사고하는 능력의 차이다.

공부를 아무리 잘한다 해도 노예처럼 수동적인 삶을 살아가는 사람이 많다. 사고하는 방법을 배우지 못했기 때문이다. 하지만 책 쓰기를 하는 사람은 스스로 사고하는 훈련을 하게 된다. 사고하는 법을 배우기 때문에, 자신의 삶을 주도적으로, 주인으로 살아갈 수 있다.

책 쓰기가 가져다주는 유익함 중의 하나는 주도적이고 주체적인 존재가 된다는 점이다. 얼마나 많은 이들이 수동적이고, 노예와 같은 삶을 자신도 모르게 살아가고 있는지 깨닫게 된다면 놀라지 않을 수 없다.

어제 뉴스에도 인간 사육에 대한 다큐멘터리가 방영되었다. 여기에 나온 피해자들은 모두 사지가 멀쩡한, 평범한 사람들이었다. 하지만 놀랍게도 수십 년 이상 인간 사육을 당하면서, 착취당하고, 폭행당하고 인권이 없이, 노예처럼 살았던 사실을 알고서, 충격과 놀라움에 휩싸였다.

왜 저 사람들은 주체적이고 주도적인 삶을 살지 못하고, 노예와 같은 삶을 살게 되었을까?

책 쓰기의 유익함은 여기에 있다. 우리가 책 쓰기를 하지 않고, 그저 하루하루 살아간다면 자신도 모르게, 비주체적인 삶을 살아가게 된다.

어렸을 때는 부모님이 시키는 대로 학교에 다니면서 열심히 공부하고, 대학에 가야 한다고 해서 가고, 나이가 되면 군대 입대를 하고, 제대하면, 취업하고, 결혼하고, 자녀를 낳고 살아간다. 하지만 삶의 기준과 목표, 원칙도 없이 하루하루 살아가게 되면 노예와 같은 수동적인 삶을 살게 된다.

소크라테스는 '성찰되지 않은 삶은 살 가치가 없다.'라고 말했다. 책 쓰기가 가져다주는 유익함은 자주 성찰하게 해 준다는 데 있다. 성찰하는 사람은 주체적이고 주도적인 삶을 살아갈 확률이 매우 높다.

책을 쓰는 사람은 조용히 앉아서, 자신의 삶을 성찰할 기회가 많아진다. 이런 기회가 자주 생기는 것이 더 나은 인생을 사는 데 큰 도움이 되는 것은 자명하다. 이런 기회는 인생을 주도적으로 사는데 직접 큰 영향을 준다. 책 쓰기를 하는 사람은 자신의 인생을 좀 더 주체적으로, 주도적으로 주인의 삶을 살 수 있다.

세상 보는 눈이
깊어지고 넓어진다

· · ·

책 쓰기를 초등학교 5학년 아이가 하면, 세상 보는 눈이 깊어지고 넓어진다. 세상 보는 눈이 깊어지고 넓어지면 무엇이 좋을까? 세상 보는 눈이 깊어지면, 인생을 크게 실수하지 않을 수 있다.

세상 보는 눈이 없는 사람은 쉽게 경거망동하고, 큰 실수를 해서, 하루 아침에 망하게 되는 경우가 많다. 하지만 세상 보는 눈이 있는 사람은 절대 큰 실수를 저지르지 않는다.

세상이 얼마나 정확하고, 비밀이 없다는 것을 아는 사람은 스스로 조심하고 경계한다. 하지만 하룻강아지가 범 무서운 줄 모르는 것처럼 세상 보는 눈이 없는 사람은 쉽게 실수를 하고, 넘어서는 안 되는 선을 넘는다.

세상 보는 눈이 깊지 않은 사람은 해야 할 일과 하지 않아야 할 일을 구별하지 못하고, 그때그때 기분에 따라 행동한다. 그래서 실수도 많이 하고, 선도 많이 넘는다.

이런 사람은 아무리 열심히 살아도 어느 날, '미투'나 '빚투' 등이 발생해서 수십 년 동안 고생해서 쌓아 올린 사회적 경력과 직업적 성과를 하루아침에 망치는 경우가 많다.

장래가 촉망되는 대선 후보가 하루아침에 성 추문으로 인해 인생이 망하고, 감옥에 가는 사례가 있는 것은 매우 씁쓸한 사건이지만, 우리는 반면교사로 삼아야 한다. 세상은 절대로 호락호락하지 않다. 자신의 언행에 대해서는 반드시 책임을 져야 한다. 그것이 세상이다.

세상에 공짜는 없고, 세상은 정확하다. 당신이 한 만큼 세상은 보답을 해 주고, 당신이 한 실수와 죄만큼 대가를 치러야만 한다. 그것이 세상이다. 그래서 적선을 많이 하는 사람은 후손들이 복을 받게 된다고 말하는 사람이 많다. 틀린 말은 아닌 듯싶다.

책 쓰기를 하는 아이들은 세상과 자신을 바라보는 눈이 깊어지고 넓어진다. 세상 보는 눈이 깊은 아이는 무엇을 해도 더 잘할 수 있고, 공부도 더 잘하게 된다. 세상 보는 통찰력이 있으면, 훌륭한 학자가 될 수도 있고, 과학자도 될 수 있다.

행복은 책 쓰기 순이다

· · ·

행복은 성적순이 아니다. 하지만 행복은 책 쓰기 순이라고 말하고 싶다. 진짜다. 책 쓰기를 하는 사람은 세상의 번잡한 고뇌와 걱정에서 벗어나 몰입하게 되는 행복한 순간을 경험하게 된다.

아이들이 왜 행복할까? 미래에 대한 걱정 없이 하루하루 즐겁게 살기 때문에 행복한 것이다. 그런데 이런 아이들이 중 고등학생이 되면, 서서히 걱정이 생기게 된다. 심지어 입시 지옥을 경험하면서, 불행해지는 아이들이 많아진다.

책 쓰기를 하는 아이들은 이런 스트레스를 잘 견딜 수 있고, 같은 양의 스트레스를 받아도, 거뜬하게 잘 이겨낼 수 있다. 책 쓰기를 통해 자신의 내면이 단단해지고 성숙하기 때문이다.

필자가 군대 생활 할 때의 이야기다. 그때는 심한 훈육도 많았고, 폭행도 심했다. 밤새 원산폭격이라는 심한 훈육을 받으면서 잠을 잔 적도 한두 번이 아니다. 육체적으로 굉장히 힘이 들었지만, 거뜬하게 잘 이겨내고 성공적으로 제대를 했다. 하지만 지금은 폭행도 거의 사라졌고, 상대적으로 심한 훈육도 없지만, 군대에서 자살하는 사람이 있다.

이것은 같은 강도의 스트레스와 압박을 받았을 때, 그것을 이겨내고 견디는 정도가 사람마다 개인차가 있다는 사실을 우리는 알아야 한다. 어떤 사람은 거뜬하게 이겨내고 살아가지만, 어떤 사람은 상처를 받고, 질병에 걸리고, 심지어 극단적인 선택을 하는 예도 있다.

이런 이야기를 하는 이유는, 책 쓰기가 가져다주는 치유력 때문이다. 책을 쓰면, 놀랍게도 상처가 아물어지고, 견디어 낼 수 있는 내성이 강화된다. 우울증 환자들에게 의사가 처방하는 것 중의 하나가 글쓰기인 이유가 바로 여기에 있다.

살다 보면 알게 모르게 상처도 생기고, 아픔도 생기고, 온갖 감정의 쓰레기가 쌓이게 된다. 하지만 책 쓰기를 하는 사람은 이런 것들이 더 쉽게 치유되고, 회복된다. 책 쓰기를 많이 하는 사람의 정신이 맑은 이유도 여기에 있다.

우리 자녀들이 공부를 잘하기를 바라는 이유는 행복하게 살기를 원

하기 때문이다. 하지만 진정 행복한 삶을 살게 해 주는 것은 공부보다 책
쓰기이다.

"글은 누구나 쉽게 이해할 수 있어야 하며, 간결한 문체와 적절한 표현은 훌륭한 글쓰기의 첫걸음이다. 그러나 장황하게 단어들만 나열하는 글은 읽는 사람의 눈을 어지럽게 할뿐더러 특히 남의 글을 표절하는 행위는 일종의 강탈이며 범죄행위이다. 그러므로 글쓴이의 고유한 문장과 문체는 소박한 정신과 순수한 신념으로 구축되는 건축물과 같다."

<쇼펜하우어, [문장론] 중에서>

아이들을 위한
최소한의
글쓰기 비결

최소한의 좋은 글쓰기 비결

• • •

"좋은 글쓰기의 비결은 모든 문장에서 가장 분명한 요소만 남기고 군더더기를 걷어내는 데 있다. 아무 역할도 하지 못하는 단어, 짧은 단어로도 표현할 수 있는 긴 단어, 이미 있는 동사와 뜻이 같은 부사, 읽는 사람이 누가 뭘 하는 것인지 모르게 만드는 수동 구문, 이런 것들은 모두 문장의 힘을 약하게 하는 불순물일 뿐이다."

〈'글쓰기, 생각 쓰기' 윌리엄 진서〉

그렇다. 최소한의 글쓰기 비결은 간결한 문장을 쓰는 것이다. 문장이 간결하면 모든 것이 저절로 해결된다. 문장을 길게 쓸 때, 문법에 어긋나는 글을 쓰게 되고, 논지가 흐려지게 되고, 전달력이 떨어지는 글이 탄생하게 되는 것이다.

무엇을 쓰든 짧게 쓰면 된다. 그것이 최소한의 좋은 글쓰기 비결이다. 최악의 글쓰기는 군더더기가 닥지닥지 붙어 있는 글이다. 불필요한 요소들이 여기저기 있는 글이다. 최악의 글쓰기는 장황하게 글을 쓰는 것이다. 좋은 글쓰기에 필요한 한 가지 전략은 글을 짧게 쓰는 습관을 만드는 것이다.

짧고 명료한 글은 최고의 글이다. 왜 그럴까?

글은 반드시 오해의 소지를 남겨서는 안 되기 때문이다. 글의 최대 기능은 전달이며 소통이기 때문이다.

'말이나 글은 뜻을 전달하면 그만이다.'
[논어] '위령공' 편에 나오는 공자의 말이다.

서양에서는 아리스토텔레스가 이와 비슷한 의미의 말을 했다.
'문장의 제1 요건은 명료함이다.' (아리스토텔레스, [에우데모스 윤리학])

즉 문장은 반드시 그 대상을 명료하게 보여주어야 한다. 즉 작가의 생각과 주장을 명료하게 보여주지 못하는 문장은 그 기능을 다 하지 못하는 것이다.

짧고 간결한 문장은 아름다운 문장이며, 최고의 문장이다. 이런 사실을 강조한 위인들은 너무나 많다.

'간결한 문장은 아름답다.'
〈유협, [문심조룡], '명잠' 중국 최초의 문학 비평 이론서, 문학 창작
지침서〉

'재주 없는 사람이 다 말해버리고, 재주 있는 사람은 말을 고르고
아낀다.'
〈퀸틸리아누스, [변론가의 교육]〉

여기에 퓰리처상을 만든 조셉 퓰리처의 조언을 살펴봐도, 짧게 쓰는
것이 최고의 글쓰기 기법이라는 사실을 확신할 수 있게 된다.

"무엇을 쓰든 짧게 써라. 그러면 읽힐 것이다.
무엇을 쓰든 명료하게 써라. 그러면 이해될 것이다.
무엇을 쓰든 그림 같이 써라. 그러면 기억 속에 머물 것이다."

쇼펜하우어도 말하지 않았는가? '쓸데없는 사족은 문체와 문장의 명
료함을 흐리게 한다.'라고 말이다.

셰익스피어도 [햄릿]에서 이렇게 말했다.
'간결은 지혜의 정수다.'

최고의 문장에 대해서 이렇게 말하고 싶다. '간결한 문장, 짧은 문장이 최고의 문장이고 좋은 글이다.' 말이 많은 사람들은 절대 고수가 될 수 없다. 글도 마찬가지다. 긴 문장은 절대 좋은 글이 될 수 없다. 그러므로 쓸데없이 사족(蛇足)을 달아서는 안 된다.

우리 아이들에게 간결한 문장을 쓰는 습관을 들이게 해야 한다. 간결하고 짧은 문장을 쓸 수 있는 아이들은 좋은 글쓰기를 할 수 있는 가장 중요한 조건이며 최소한의 조건을 이미 갖춘 것이다.

조선 시대 훌륭한 문장가 중의 한 명이었던 박지원이 쓴 〈공작관문고 자서〉라는 책을 보면 이런 말이 나온다.

'글이란 뜻을 나타내면 그만일 뿐이다.'

명심하자. 좋은 글쓰기는 뜻을 명확하게 잘 전달할 수 있는 글을 쓰는 것이다.

최소한의 글쓰기 비결 중의 하나만 더 추가한다면 통일성을 지키는 것이다.

"통일성은 좋은 글쓰기의 닻과 같다. 통일성은 독자의 주의가 흩어지지 않게 해 준다. 그뿐만 아니라 질서에 대한 독자의 무의식적인 요구를 충족시켜 주며, 독자에게 모든 게 제대로 돌아가고 있다는 안심을 주기도 한다. 그러니 많은 변수 가운데 자기 것을 하나 골라 그것에 충실하자."〈'글쓰기, 생각쓰기' 윌리엄 진서〉

이것이 최소한의 글쓰기 기술 중에 하나다. 내용적인 측면에서 좋은 작가는 통일성을 유지하는 것이다. 통일성이 있는 책은 독자의 사랑을 받는다. 하지만 통일성이 없다면, 독자는 외면한다.

통일성이 없는 책은 독자가 집중할 수 없고, 독자를 불안하게 하기 때문이다. 한 꼭지의 글을 쓴다고 해도 통일성을 지켜야 한다.

최소한의 책 쓰기 전략

. . .

"작가란 한 걸음 떨어져 있는 사람이다. [델의 농부]에 등장하는 치즈처럼 말이다. 책 속에서 치즈는 유일하게 인간도 동물도 아니면서 그들 사이에 가만히 홀로 존재하는 캐릭터이지만 단순한 소품이나 배경의 자리에 머무르지 않고 결국 나름의 역할을 한다. 그처럼 당신은 아웃사이더이지만, 멀리 떨어져서도 당신의 망원경으로 모든 것을 눈앞에 있는 것처럼 볼 수 있다. 당신이 할 일은 당신의 관점을 명백하게 드러내면서, 당신이 목격한 사실을 기록하는 것이다." 〈앤 라모트, [글쓰기 수업], 172쪽〉

우리 아이들이 책 쓰는 사람으로 성장시키기 위해서 아이들에게 요구해야 할 것은 무엇일까? 그것은 뛰어난 문장력도 아니고, 일필휘지할 수 있는 신동과 같은 재능도 아니다.

우리 아이들이 갖춰야 할 최소한의 책 쓰기 조건은 바로 남들과 다른 생각을 하고 남들과 다른 시각을 가지고 남들과 다른 사람이 되어, 한 걸음 떨어져 있는 사람이 되는 것이다.

세상에 널려 있는 지식과 정보를 여기서 저기로 이동시켜 주는 책은 너무나도 많다. 그리고 이런 책은 생명력이 약하다. 하지만 세상에 널려 있는 지식과 정보와 다른 시각을 가지고 있는 책은 다르다. 생명력이 강하며, 독자들의 눈을 반짝이게 해 주고, 독자들의 편견을 깨어 부수게 해 준다.

이 세상에는 두 종류의 작가가 있다.

세상에 어필하는 작가와 어필하지 못 하는 작가다. 그 차이가 무엇이 겠는가? 바로 남들과 다른 점을 가지고 있는가이다. 당신의 자녀에게는 그런 차이점이 있는가? 글만 잘 쓴다고 작가가 될 수 있다고 생각하는 것은 너무 큰 오산이다. 오히려 글을 못 쓰지만, 작가가 된 사람들, 그것도 훌륭한 작가가 된 사람들이 적지 않다. 그 이유는 바로 남과 다른 차이를 가지고 있기 때문이다.

작가로서 팔아야 할 것은 자기 자신이기 때문이다.

당신의 자녀를 책을 쓰는 사람으로 성장시키고 싶다면, 그리고 그 책이 사람들의 관심을 받도록 하기 위해서는 무엇보다 남들과 달라야 하고, 다른 작가들의 작품과도 달라야 한다. 그것이 책 쓰기의 전부가 되게 해야 한다.

책 쓰기의 최소 전략은 기교나 재주가 아니라, 남과 다른 자신이다.

최소한의 책 쓰기 전략 중의 하나는 명확한 메시지를 책 속에 담는 것이다. 책을 쓰는 사람이 해야 할 일은 바로 이것이다.

복잡하고 혼란스러운 세상을 살아가고 있는 많은 사람에게 단순하고 명쾌하고 명확한 한 가지 메시지를 던져 주는 것, 이것이 바로 최소한의 책 쓰기 전략이다.

우리 아이들이 책 쓰기를 문장 쓰기로 오해해서는 안 되는 이유가 바로 이것이다. 책을 쓴다는 것은 결국 세상에 내놓을 수 있는 명확한 메시지를 만들어나가는 것이다. 그래서 책을 쓴다는 것이 최고의 공부이며, 자기 발전이 되는 것이다.

그 메시지가 간단하고 명쾌하고 명확할수록 세상 사람들은 당신의 메시지에 빠져들게 되어 있다. 그리고 그 메시지가 진정 사람들과 세상에 가치 있는 것일수록 당신의 메시지는 더 넓게 더 많이 더 빨리 세상 속으로 퍼져 나가게 되어 있다.

우리 아이 작가로 만드는
한 가지 방법

• • •

우리 아이를 책을 쓰는 작가로 만드는 한 가지 방법이 있다. 그리고 그것은 유일한 방법이다. 그것은 매일 쓰고, 많이 쓰고, 또 쓰는 것이다. 그것뿐이다.

대부분의 위대한 작가들이 위대한 작가의 반열에 오를 수 있었던 단한 가지 비결은 바로 그들은 매일매일 글을 쓰면서, 엄청난 양의 창작 활동을 했기 때문이다.

대표적인 작가가 바로 스티븐 킹이다. 그가 얼마나 매일 글을 썼는지에 대해 그가 쓴《유혹하는 글쓰기》라는 책을 통해서 살펴볼 수 있다.

"예전에는 지금보다 빨리 썼다. 이 정도면 아마 존 크리시도 감탄했을 것이다. (그러나 어떤 글에서 보니 크리시의 추리 소설 중에는 겨우 '이틀' 만에 완성된 것도 여럿이라고 한다) 내 생각엔 담배를 끊어서 속도가 느려진 것 같다. 니코틴은 신경을 예민하게 해 준다. 물론 창작을 도와주는 대신에 목숨을 빼앗는다는 게 문제다. 어쨌든 나는 어떤 소설이든 - 설령 분량이 많더라도 - 한 계절에 해당하는 3개월 이내에 초고를 끝내야 한다고 믿는다. 그보다 오래 걸리면 - 적어도 내 경우에는 - 마치 루마니아에서 날아온 공문서처럼, 또는 태양의 흑점 활동이 심할 때 단파 수신기에서 나오는 소리처럼 이야기가 왠지 낯설어진다.

나는 하루에 열 페이지씩 쓰는 것을 좋아한다. 낱말로는 2천 단어쯤 된다. 이렇게 3개월 동안 쓰면 18만 단어가 되는데, 그 정도면 책 한 권 분량으로는 넉넉한 셈이다. 이야기를 재미있게 쓰고 신선함을 유지하기만 한다면 독자들도 즐거운 마음으로 몰두할 수 있을 것이다. 어떤 날은 그 열 페이지가 쉽게 나온다."

(스티븐 킹, 《유혹하는 글쓰기》, 김영사, p.187)

그는 한창때는 일주일 만에 책을 한 권씩 쓸 정도로 엄청난 양의 작업을 했던 사람이었음을 그의 말을 통해 알 수 있다. 그리고 예전에 인터뷰 기자들에게 크리스마스와 독립기념일과 자신의 생일만 빼고 날마다 글을 쓴다고 말할 정도로 엄청난 연습과 노력과 훈련을 했던 사람이라는 사실을 간과해서는 안 된다.

글을 써서 작가가 되는 유일한 길은 무조건 글을 써야 한다는 것이다. 그리고 더 나은 작가가 되는 유일한 길은 매일, 매일 무조건 글을 써야 한다는 것이다.

우리 아이들을 책 쓰는 작가로 만들고 싶다면 매일 책을 쓰게 하면 된다. 세상에 공짜는 없다. 명심하자.

"더 나은 글을 쓰는 첫 번째 방법은 생각하는 것이 아니라 무조건 쓰는 것이다.
더 나은 글을 쓰는 두 번째 방법은 기다리는 것이 아니라 지금 당장 쓰는 것이다.
더 나은 글을 쓰는 세 번째 방법은 멈추지 않고 주저하지 않고 계속 쓰는 것이다.

나는 이것보다 더 나은 세 가지 방법을 알지 못한다."

필자의 글쓰기 방법론이라면 이것이 전부다. 생각하지 않고 무조건 쓰는 것이고, 기다리지 않고 지금 당장 쓰는 것이고, 멈추지 않고 계속 쓰는 것이다.

작가 지망생들에게 꼭 해 주고 싶은 말이기도 하지만 사실은 필자 자신에게 매일 스스로 다짐하는 말이기도 하다.

작가란 결국 매일 글을 쓰는 사람이다. 작가란 오늘 아침에 글을 쓴 사람이고, 오늘 오후에도 글을 쓴 사람이고, 오늘 저녁에도 글을 쓴 사람일 뿐이다.

더 좋은 작가가 되기 위해서는, 어제보다 더 나은 작가가 되기 위해서는 '무조건 쓰고, 지금 당장 쓰고, 계속 쓰는 것'이다. 이것보다 더 나은 방법이 있다면 내게 알려 달라.

최소한의 문장 쓰는 법 10가지

• • •

이제는 좀 더 구체적으로 문장을 쓰는 법을 살펴보겠다.

아리스토텔레스는 자신의 책 [수사학]에서 이런 말을 했다.

"문체의 미덕 중 하나는 명료성이다. ~ 즉, 만일 담론이 그 대상
을 보여주지 못한다면, 그 담론은 그 기능을 다 하지 못할 것이다."
〈262p. 아리스토텔레스의 수사학〉

여기서 문장의 생명이 무엇인지 필자는 알게 되었다. 바로 명료함을
드러내게 해 주는 요소, 즉 심플, 정확, 간결 말이다.

이것을 영어로 표현하면, simple. sharp, short가 된다. 그래서 보통 3s

라고 많은 이들이 이야기하는 것 같다.

혜밍웨이도 비슷한 이야기를 수도 없이 했다. '훌륭한 저술가가 반드시 갖춰야 할 특성은 명료함이 돋보이는 문체'라는 말도 말이다.

그렇다면 어떻게 해야 문장의 생명인 '심플, 정확, 간결'을 살릴 수 있을까?

첫 번째는 반드시 독자들의 눈높이에 맞는 수준의 단어를 선택하는 것이다.

'일조가 되었으면' 보다는 '도움이 되었으면'이 훨씬 더 독자들이 정확한 문장이다.

'축적하다' ▶ 모으다.
'통지하다' ▶ 알리다.
'증진하다' ▶ 늘리다.
'고안하다' ▶ 만들다.
'가시화하다' ▶ 나타내다.
'경감시키다' ▶ 줄이다.
'채취한 버섯' ▶ 딴 버섯
'아픈 기억의 편린들' ▶ 아픈 기억의 조각들

'책과의 조우' ▶ 책과 만남

'떨어진 것은 차치하고' ▶ 떨어진 것은 그만두고

두 번째는 생략 가능한 것들은 무조건 생략해야 한다.

나에게 있어서는 ▶ 나에게는

그것은 불법에 다름 아니다. ▶ 그것은 불법이다.

그도 모르지는 않을 것이다. ▶ 그도 알 것이다.

저 개는 탁월한 개의 전형이다 ▶ 저 개는 탁월하다.

그녀는 완벽한 본보기다 ▶ 그녀는 완벽하다.

가까이 접근시키다. ▶ 접근시키다

궁극적인 결론은 사회적 현상과 경제적 현상이 서로 밀접하게 연관되어 따로 분리한다는 것은 정말 어렵다는 사실이다.

▶ 결론은 사회적, 경제적 현상이 서로 밀접하게 연관되어 있다는 점이다.

인간은 복잡한 심리와 사고를 하는 존재이기 때문에, 의사 결정이 이루어지는 과정을 단순하게 공식 하나로 요약되는 것은 불가능하다.

▶ 인간은 복잡한 존재이기 때문에, 의사 결정 과정을 하나의 공식으로 요약할 수 없다.

세 번째는 한 문장에 반드시 하나의 의미만 넣어야 한다.

네이버 국어사전의 우리말 바로 쓰기를 보면 중의문에 대한 자세한 설명이 나와 있다. 그곳에서 설명하는 문장과 해석을 그대로 알려 주겠다.

"나를 사랑하는 친구의 여동생을 만났다."

자. 이 문장이 중의문이다. 두 가지 뜻을 의미할 수 있기 때문이다.

하나는 나는 친구의 여동생을 만났는데, 나의 친구는 나를 사랑한다는 뜻이 될 수 있다.
또 다른 하나는 나는 친구의 여동생을 만났는데, 친구의 여동생은 나를 사랑한다는 뜻이 될 수도 있다.

이런 중의문을 쓰지 않는 가장 좋은 방법은 두 개의 단문으로 나누는 것이다.

나는 친구의 여동생을 만났다. 그 친구는 나를 사랑한다.
나는 친구의 여동생을 만났다. 친구 여동생은 나를 사랑한다.

읽기 편하다는 것은 쉽고 명확하고 간결하다는 것도 포함한다.

네 번째는 한 문장에는 절대로 두 번 사용하는 단어나, 의미가 없게 하라는 것이다.

그는 비행기를 조종하는 조종사였다. ▶ 그는 비행기 조종사였다.

이 학교는 저 학교에 비해 너무 작다. ▶ 이 학교는 저것보다 너무 작다.

이 선생님은 저 선생님보다 경험이 더 부족하다. ▶ 이쪽 선생님은 저쪽보다 경험이 더 부족하다.

담배 흡연율이 ▶ 흡연율이

더러운 누명 ▶ 누명

다섯 번째는 모든 문장을 능동형으로 만들라는 것이다.

친구들을 혹사시키다 ▶ 혹사하다.

친구들을 이간질시키다 ▶ 이간질하다.

해고 결정이 내려졌다. ▶ 해고를 결정했다.

적을 파괴시킬 수 있다. ▶ 파괴할 수 있다.

여섯 번째는 중국 글자 말을 사용하지 않아야 문장이 명확해지고 간결해진다.

'이 사건의 경우 그의 자작극일 가능성도 배제하지 않고 있다.'

이 문장을 심플, 정확, 간결한 문장으로 바꾸어 보라.

'이 사건은 그의 자작극일 수 있을 것 같다.'

즉, 우리말을 더 복잡하고 어렵게 만드는 중국 글자 말투를 버리면 된다.

~ 적(的)

~ 화(化)

~ 하(下)

~ 감(感)

~ 상(上)

~ 리(裡)

~ 시(視)

이런 글자를 무조건 생략할수록 좋은 우리글이 된다.

몇 가지만 예를 들면 이렇다.

이런 상황하(下)에서 ▶ 이런 상황에서

책임감(感)이 필요하다. ▶ 책임이 필요하다.

비밀리(裡)에 진행된다. ▶ 비밀로 진행된다.

192

일곱 번째는 낱말과 문장을 화려하게 치장하려고 하지 않아야 한다.

전세가는 더 이상 추가 상승의 여력이 없어 보인다.
▶ 전세가는 더는 오르지 않을 것이다.

어제 가격보다 더 높은 수준이다.
▶ 어제 가격보다 더 비싸다.

여덟 번째는 불필요한 형용사, 부사, 접속부사, 접미사, 관형사, 격조사, 서술어는 될 수 있으면 짧게 하거나, 생략한다.

"책 쓰기 수업을 어디에서 해야 할지를 결정하기가 어려운 이유 가운데 하나는 경험 부족 때문이기도 한 것 같다."
▶ "책 쓰기 수업을 어디서 해야 할지 결정하기 어려운 이유는 경험 부족 때문이다."

"아마도 우리는 그 과제를 아주 상당한 기간 동안 해야 할 것 같다."
▶ "아마 우리는 그 과제를 상당 기간 해야 할 것 같다."

아홉 번째는 일본식 말투에서 벗어난 문장을 작성하라는 것이다.

문장 쓰기, 즉 문장론 중에서도 우리글 바로 쓰기에 관한 대부분의 배

움은 이오덕 선생을 스승으로 두고 그분의 책들을 열심히 공부한 덕분이다. 한 마디로 이오덕 선생 덕분이다. 필자는 도서관에서 혼자 책을 보면서, 이오덕 선생을 사사했다. 그래서 스승으로 모시고, 그분의 책들을 통해 우리 글 바로 쓰기에 대한 확고한 소신이 있게 되었고, 지금 이 시대에 필자만큼 우리 글 바로 쓰기에 대해서 사명감을 가지고, 제대로 우리 글 바로 쓰기를 실천하고, 가르치고 있는 사람은 흔하지 않을 것이다.

나의 스승 이오덕 선생의 말에 따르면, 우리말에는 관형격 조사 '의'가 아주 단순하게 규정되어 있다고 한다. 그런데 우리말의 '의'와 너무나 다른 일본말 '노'를 '의'로 받아들이면서 우리 글이 파괴되기 시작했다고 한다.

일본말 '노'는 온갖 성격과 뜻을 나타내는데, 이것을 우리가 모조리 '의'로 옮기고 해석하면서, 우리 글이 심각하게 훼손되고 잘못 사용됐다. '의'는 부자연스럽고, 비경제적인 문장일 뿐만 아니라, 문장의 맛과 멋이 훼손되고 왜곡되는 경우가 많다. 그러므로 '의'를 잘 사용해야 한다.

이오덕 선생의 [우리글 바로 쓰기 1~5권]에서 가르쳐 주는 내용은 너무 방대하고 많다. 그중에서도 핵심이 되는 몇 가지만 맛보기로 알려 주겠다. 이오덕 선생의 책을 다 읽어보면, 문장의 대가가 되지 않을 수 없다. 너무나 자세하고 정확한 설명이기 때문이다.

자. 그런 비경제적이고 부자연스럽고 우리 글의 맛과 멋을 훼손하는 문장들을 살펴보자. *

'우리의 집으로 간다.' ▶ 우리 집으로 간다.
'이건 아버지의 모자이다. ▶ 이건 아버지 모자다.

    ＊참조〈이오덕의 우리말 바로 쓰기 120p〉에서 몇 가지 사례를 가지고 와서 알림

일본의 스모선수들의 신체적 조건 ▶ 일본 스모선수의 신체조건
활동의 여건이 나빠졌다. ▶ 활동할 여건이 나빠졌다.
한 방울의 물에도 ▶ 물 한 방울에도
자동차는 인간의 피조물이다. ▶ 자동차는 인간이 만들었다.

이런 일본식 말투로는 이런 것들이 있다.

~ 에 의해 ▶ ~ 때문에
(출근길 정체에 의해 ▶ 출근길 정체 때문에)

~ 에 의하면 ▶ ~를 보면
(신문 기사에 의하면 ▶ 신문 기사를 보면)

~ 에 있어서의 ▶ ~에서
(서양에 있어서의 ▶ 서양에서)

~ 에서의 ▶ ~의
(북한에서의 ▶ 북한의)

~ 에 처한 ▶ ~에 빠진

(상황에 처한 ▶ 상황에 빠진)

~ 에로의 ▶ ~ 으로

(혈중에로의 ▶ 혈중으로)

~ 으로서의 ▶ ~ 이라는

(인간으로서의 ▶ 인간이라는)

~ 으로서의 ▶ ~ 으로서

(전문직으로서의 ▶ 전문직으로서)

열 번째는 영어 번역 투 표현을 버려야 한다는 것이다.

10년간 연구를 행한 끝에 ▶ 10년간 연구한 끝에

특히 영어 문법을 따라 쓰는 말들을 버려야 한다.

나는 수많은 영화를 보았었다. ▶ 보았다.

10년 전에 책 쓰기를 시작했었더라면 ▶ 시작했더라면

시행착오만을 거듭해왔다. ▶ 거듭했다.

문장은 이렇게 간결하게 만드는 것이다. 약간만 훈련하면 누구나 간결하고 심플하고 정확한 문장을 구사할 수 있다. 문장 쓰기는 스키 타기처럼 훈련이고 숙달이 필요한 것이다. 어렵게 생각하지 말고, 두렵게 생각하지 말고, 그 시간에 한 문장이라도 더 써라. 더 많이 쓸수록 당신의 문장은 더 심플해지고, 간결해지고, 정확해진다.

매일 달리기조차 하지 않는 사람에게 절대로 마라톤을 가르칠 수 없듯이, 매일 글을 쓰지 않는 게으른 사람에게 책 쓰기를 절대 필자조차도 가르칠 수 없다.

책을 전개하는
최소한의 방법 12가지

• • •

책을 쓴다는 것은 글을 쓴다는 것과 다르다. 그래서 책 쓰기와 글쓰기는 전혀 다른 것이다.

책 쓰기는 한 마디로 종합 예술이다. 반면 글쓰기는 글만 쓰면 된다. 다시 말해 책 쓰기는 독자들에게 던지고자 하는 메시지를 종합적으로 구상하고 그 구상한 것을 토대로 구성을 해야 한다. 그것이 바로 건축물에 꼭 있어야 하는 설계도와 같은 목차다.

물론 구상과 구성도 없이 존재하는 책들이 있다. 공자의 논어와 같은 책이 그렇다. 하지만 이런 특별한 경우를 제외하고 대부분 책이 구상과 구성, 그리고 본문 집필을 통해 이 세상에 태어난다.

책 쓰기는 집을 짓는 것과 같다. 주제 선정은 어느 곳에 집을 짓느냐를 말한다. 목차 구성은 집의 설계도와 같다. 설계도가 완성되었다면 그다음 단계가 건축 자재를 하나씩 하나씩 쌓아서 구조물을 만드는 것이다. 이 단계가 바로 글을 전개해 나가는 과정이다. 다른 말로 본문 쓰기이다.

본문 쓰기는 문장 쓰기와 단락 쓰기가 있다. 단락은 현대에 만들어진 발명품이다. 우리는 이 단락을 충분히 활용해야 한다. 단락을 중심으로 책을 전개해 나가는 열두 가지 유형을 익힌다면 책 쓰기가 만만해질 것이다. 책을 쓰는 최소한의 방법 12가지는 필자가 이미 오래전에 집필한 성인을 위한 책 쓰기 책에 수록한 내용이지만, 우리 아이에게도 충분히 가르쳐 줄 가치가 있는 내용이기에 수록한다.

글의 전개 유형은 얼마든지 서로 섞어서 사용할 수 있다.

첫 번째 유형, 현상 제시 ▶ 원인 설명 ▶ 해결책 유형이다.

우리나라에는 학문 분야 노벨상 수상자가 없다. 반면 일본에는 수십 명이나 있다. (현상 제시)

한국 사회는 독서 빈국이기 때문에 사고력이 유연하지 못하고 깊이가 없다. (원인 설명)

대한민국을 세계 최고의 독서 강국으로 만들면 세계 최고의 인재들이 많이 배출될 것이다.

우리의 사명은 독서 강국을 실현하는 것이다. (해결책)

두 번째 유형, 질문하기 ▶ 대답하기 ▶ 주장하기 유형이다.

글을 쓸 때 진짜 인생이 펼쳐지는 이유는 무엇인가? (질문하기)

글을 쓰면 자기 자신만의 새로운 콘텐츠가 생기기 때문이다. 새로운 콘텐츠는 감성과 창조의 시대에 가장 큰 재화가 된다. 글쓰기는 인간이 혼자서 무엇인가를 재창조하고, 만들어낼 수 있는 위대한 도구이며, 수단이며 동시에 목적이 된다. 그래서 글쓰기는 수많은 사람의 인생을 기적처럼 바꾸어 놓고도 남는다. (대답하기)

글쓰기처럼 위대한 인생 혁명 수단은 존재하지 않는다. (주장하기)
〈[김병완의 책 쓰기 혁명] 김병완 중에서〉

세 번째 유형, 스토리 ▶ 주장이나 메시지

일본 소프트뱅크를 설립한 손정의 회장은 투병 중에 4천 권의 책을 독파한 후, 자신의 회사를 세계 최고의 네트워크 회사로 성장시킬 수 있었다. (스토리)

4천 권의 독서는 사람에게 앞을 내다볼 수 있는 통찰력과 시련과 역경을 헤쳐나갈 수 있는 용기와 결단력을 주기에 부족함이 없다. 그의 성공은 독서 때문이다. (주장)

네 번째 유형, 정의 ▶ 주장이나 메시지

대한민국의 주권은 국민에게 있다. (정의)

대한민국의 모든 권력은 대통령이 아닌 국민에게서 나와야 한다. 대통령도 국민 위에 존재해서는 안 되는 이유다. (주장)

다섯 번째 유형, 명언, 격언 ▶ 주장이나 메시지

"하버드 대학교의 졸업장보다 독서하는 습관이 더 중요하다." 마이크로소프트사를 창립한 빌 게이츠가 한 말이다. (명언, 격언)

대학교 졸업장 같은 화려한 스펙보다 독서가 성공을 결정짓는다. (주장)

여섯 번째, 영화나 드라마의 대사 ▶ 주장이나 메시지

"당신은 내가 존재하는 이유입니다"

내가 좋아하는 영화 [뷰티풀 마인드]에 나오는 대사다. (대사)

가장 행복한 사람은 바로 이런 사람일 것이다. 자신만을 위해서 살아가는 이기적인 사람은 절대 행복할 수 없다. 누군가를 위해서 헌신하고 누군가를 사랑하면서 살아갈 때 우리는 가장 행복할 수 있다. 결국, 그런 이타적인 사람들이 아름다운 세상에서 살아갈 수 있다. 왜냐하면, 이타적인 삶이 자신의 삶을 아름답게 만들기 때문이다. (주장)

일곱 번째 유형, 개인적 경험 ▶ 주장이나 메시지

나는 평범한 직장인이었다. 2009년 12월 31일 사표를 던졌다. 그리고 부산에 내려가 도서관에 칩거하기 시작했다. 밥 먹고 책만 읽는 삶이 시작되었다. 그렇게 3년을 보냈다. 수많은 책을 읽고 작가가 될 수 있었다. (개인적 경험)

누구나 책을 읽으면 인생은 바꿀 수 있다. 책은 위대하기 때문이다. 책을 통해 인생을 바꾼 사람들은 과거에도 있었고 지금도 있고 미래에도 존재할 것이다. 책을 읽어라. (주장)

여덟 번째 유형, 역사적 사실 ▶ 주장이나 메시지

202

중국의 역사서 [사기]를 집필한 사마천은 한 무제의 노여움을 사게 되어 사형선고를 받았다. 그 당시 사형선고를 받으면 세 가지 중의 하나를 선택해야 했다. 사형을 당하든가 많은 돈을 내고 풀려나든가 아니면 남자의 상징이 잘리는 궁형을 당해야 했다.

사마천은 돈이 없어서 그리고 자신의 사명을 다하기 위해서 죽음보다 더한 고통과 수치인 궁형을 선택해야 했다. (역사적 사실)

죽는다는 것이 끝이 아니다. 죽음을 초월한 사명이라는 것이 인간에겐 존재한다. 인간을 위대하게 만드는 것이 바로 이러한 것이다. (메시지)

아홉 번째 유형, 연구 결과 ▶ 주장이나 메시지

미국 캘리포니아 대학의 심리학과 하워드 프리드먼 교수는 재밌는 연구 결과를 발표했다.
1,500명을 10년 동안 연구한 결과 착한 사람이 이기적이고 야비하고 남을 이용하기 좋아하는 악한 사람보다 더 오래 살 수 있다는 연구 결과다. (연구 결과)

착한 사람은 양심적이고 선하다. 양심적이고 선하면 마음이 언제나 고요하고 평화롭고 잔잔하다. 이런 사람들은 늘 몸과 마음이 안

정적이다. 에너지 보존 법칙에 따라 에너지가 덜 낭비가 된다. 반면 이기적이고 야비하고 남을 이용하기 좋아하는 악한 사람들은 항상 에너지가 탕진된다. 그래서 장수하고 싶은 사람은 착하게 살아야 한다. (메시지)

열 번째 유형, 신문 企사. 뉴스 ▶ 주장이나 메시지

오늘 아침 신문에 모 연예인에 관한 기사가 떴다. 사랑이 아닌 돈을 보고 재벌과 결혼을 했는데 결국 세 번째 이혼했다는 얘기다. (신문 기사)

결국, 세상은 공짜가 없다. 결혼도 사랑이 아닌 돈을 보면 반드시 실패하게 된다. 정직하게 성실하게 살아가는 사람이 잘살고 행복하게 된다. 편법이나 요행을 바라는 마음은 불행의 씨앗이 된다. (메시지)

열한 번째 유형, 책의 인용 ▶ 주장이나 메시지

"인생은 'B와 D 사이의 C'라고 한다. 여기서 B는 탄생(Birth), D는 죽음(Death), C는 (Choice)이다. 인생은 태어나서 죽을 때까지 선택의 연속이라는 해석이다. (책의 인용)

어떤 선택을 하느냐에 따라 인생은 달라진다. 선택을 잘할 수 있는 사람이 성공적인 인생을 살 수 있다. 선택을 잘할 수 있으려면 많은 경험과 통찰력이 필요하다. 또한, 앞을 내다보는 긴 안목도 필요하다. 이러한 것들은 책을 통해 얻을 수 있다. (메시지)

열두 번째 유형, 비판 ▶ 주장이나 메시지

리처드 도킨스의 [이기적 유전자]라는 책은 한 마디로 몽상가의 헛소리에 불과하다. (비판)

인간의 생각은 편협하다. 자신이 보고 싶은 것만 보기 때문이다. 그것을 프레임이라고 한다. '신이 없다'라고 하는 사람은 세상 전부를 관찰해도 그 사실만 더 확인할 뿐이다. 반면 신이 존재한다고 생각하는 사람은 세상 전부가 더 확고히 신의 존재를 증명하는 근거가 된다.
눈에 보이지 않는 고릴라라는 실험 결과가 이 사실을 입증해준다. (메시지)

헤밍웨이는 노인과 바다를 400번 고쳐 썼다고 한다. 헤밍웨이는 '모든 초고는 걸레다'라고 말한 적 있다. 퇴고의 중요성을 강조한 말이다. 반드시 글을 다 쓴 후에는 퇴고를 하는 작가들이 적지 않다. 퇴고가 작가의 숙명이라고 생각하는 사람이 대부분이다. 하지만 필자는 다르다.

퇴고는 출판사 편집자에게 맡기는 것도 좋은 전략이다. 왜냐하면, 출판사 편집자가 교정, 교열, 윤문까지 하면서 글을 다듬어 준다. 철저한 분업화가 이루어지는 세상이기 때문이다. 책을 쓴다는 것이 인류 역사상 가장 편한 시대에 우리는 살고 있다. 이 점도 잊어서는 안 된다.

에필로그

• • •

독서 강국 vs 책 쓰기 강국, 당신이 선택한다면?

'나는 머지않아 사라지겠지만 책은 영원히 남을 것이다.'
[로마제국쇠망사], 에드워드 기번

일본은 독서 강국이 되었고, 그 덕분에 우리보다 100년을 앞설 수 있었다. 미국과 영국, 일본과 핀란드 등 선진국 혹은 엄청난 도약을 한 국가들의 비결은 한 마디로 독서 강국이라는 점이다.

한국이 다른 나라를 뛰어넘어 더 선진국이 되고자 한다면 다른 나라처럼 독서 강국이 되고자 해서는 안 된다. 다른 나라들이 늘 그 자리에 머물러 주거나 우리를 기다려 주는 것은 아니기 때문이다.

이미 앞서 나간 독서 강국 선진국을 뛰어넘기 위해, 따라잡기 위해 가장 좋은 길은 책 쓰기 강국이 되는 것이다.

책 쓰기 강국이 되어 모든 국민이 책을 쓰는 수준 높은 나라가 된다면, 기존의 독서 강국들을 뛰어넘게 되거나, 최소한 따라잡을 수 있게 될 것이다. 이것이 필자의 오랜 지론이다.

책 쓰기 강국이 되면 너무나 좋겠다. 그래서 필자가 책 쓰기 수업을 8년 전부터 지금까지 멈추지 않고 해 오고 있었는지도 모른다. 물론 먹고살기 위해 생계를 위해서 하는 측면도 있고, 책 쓰기 수업을 하는 과정을 통해 기쁨과 행복을 느끼는 측면도 있고, 수강생분들의 변화와 성장, 특히 인기도서 작가로 도약하는 수강생을 볼 때, 짜릿함까지 느끼게 되는 측면도 있다.

책 쓰기 강국을 만들기 위해서 어떻게 해야 할까? 지금 이 시대 어른들만 책을 쓴다고 해서 그것이 실현 가능할까? 아니다. 어렵다. 그렇다면 어떻게 해야 할까? 그 해답은 우리 아이들에게 있다.

초등 5학년이 책 쓰기를 배우고 시작한다면, 책 쓰기 강국은 충분히 몇십 년 후에는 이루어질 수도 있다고 믿는다.

일본은 과연 어떻게 독서 강국이 되었을까? 궁금하지 않는가? 일본은 원래 독서를 좋아하지 않았던 민족이었다. 그런데 한 사람의 선각자를 통해 일본 국민은 독서에 열광하기 시작했고, 그 시기에 일본 정부가 정부 차원에서 도서관을 4000개 이상 짓고, 일반 국민이 독서를 하도록 장려를 했다. 이 시기가 바로 일제 강점기 시기였다.

일본은 지금부터 100년 전에 일본 본토에는 도서관을 4000개를 지었고, 일본 국민을 독서 국민으로 바꾸는 프로젝트를 일본 정부 차원에서 시작했다. 이 시기에 조선 땅에는 단 하나의 도서관도 지어주지 않았다.

일제 강점기를 통해 우리 민족은 우리 선조들이 가지고 있었던 엄청난 독서의 내공과 수준을 다 잃어버리게 되었다. 그리고 100년이 지났지만, 그 독서의 내공과 수준을 아직도 회복하지 못 하는 것이 사실이다.

일본은 독서 강국이 된 덕분에 2차 세계 대전에 패전한 국가이지만, 나라를 재건할 수 있었고, 초강대국, 선진국으로 도약을 할 수 있었고, 우리나라를 100년 이상 앞선 나라가 되었다.

이제 우리 차례다. 한국 국민이 모두 책 쓰기 국민으로 탄생하고, 우리나라가 책 쓰기 강국이 된다면, 아마도 세계에서 가장 강력한 초강대국이 될 수 있다고 생각한다.

우리가 선택할 수 있다면, 당신은 무엇을 선택할 것인가?

독서 강국인가? 아니면 책 쓰기 강국인가?

　교육은 백년지대계라고 했다. 그렇다면 백 년을 내다보고 큰 계획을
세울 바에는 독서가 아닌 책 쓰기가 더 좋지 않은가? 독서에 편중된 교육
에서 벗어나 책 쓰기까지 하는 수준 높은 세계 최고의 교육 강국을 만들
생각은 없는 거?

　분명한 사실은 책만 읽는 아이와 책을 쓰는 아이는 수준과 차원이 달
라진다는 사실이다.

부록 1

- - -

아이를 위한 최소한의
책 쓰기 기술 4단계
('초등 책 쓰기 혁명' 중에서 요약)

"어떻게 쓰느냐는 그 자체로 하나의 학문이며 하나의 길이다. 하나
의 학문이고 길인 책 쓰기는 그 자체로 천국이다. 책 쓰기를 통해
천국을 경험하느냐 지옥을 경험하느냐는 책 쓰기를 어떻게 하느냐
에 달려 있다." 〈김병완의 책 쓰기 혁명 중에서, 24쪽〉

제1단계 _ 주제 선정 최소한의 기술

아이들이 쉽게 따라 할 수 있는 책 쓰기 5단계 중에 첫 번째 단계는 주
제를 먼저 선정하는 것이다.

책 쓰기에서 가장 중요한 것은 순서를 지키는 것이다. 책 쓰기에서 가

장 중요한 첫 번째 순서는 어떤 그림을 그릴 것인가를 선택하는 것이다. 약간 어려운 말로 하면 이것을 구상이라고 한다. 구상과 구성은 전혀 다른 것이다.

책을 쓸 때 가장 먼저 전체적인 구상을 하고(전체적인 큰 그림을 그리는 것), 그 구상의 핵심 내용은 주제를 정하는 것이다. 그리고 제목과 부제를 작성하면서, 전체적인 방향, 책의 콘셉트를 잡는 것이다.

아이들의 책 쓰기를 위해 최소한의 주제 선정은 가령 이런 것이다.

'초등학생이 가장 빨리 책을 쓰는 10가지 방법' 혹은 '초등학생에게 가장 중요한 소소하지만 확실한 행복은' 혹은 '초등학생이 공부를 가장 쉽게 할 수 있는 5가지 공부법' 혹은 '초등학생 혼자서 홈스쿨에 성공하는 기술' 혹은 '초등학생이 1만 권 독서가가 될 수 있는 현실적인 방법' 등이다.

물론 이것 말고도 얼마든지 주제를 선정할 수 있다. 하지만 주제를 선정할 때 아이 스스로가 쉽게 이야기할 수 있는 주제여야 한다. 아이 스스로가 쉽게 고민하고 해결하고 찾아낼 수 있는 그런 주제여야 한다.

가장 확실하게 책을 쓰는 법은 아이 스스로가 자신의 경험과 의식 수준에서 충분히 책을 써낼 수 있는 주제를 선정하는 것이다. 그래서 책 쓰기 주제 선정의 가장 큰 원칙은 '삶의 경험에서 끌어오라' 는 것이다.

주제가 좋고 나쁨은 세 가지로 결정된다. 바로 얼마나 독특한 주제인 가? 얼마나 참신한가? 얼마나 독자의 호기심을 불러일으키는 주제인가? 이다.

책 쓰기를 쉽게 할 수 있는 비결이 있다, 그것은 주제를 최대한 구체적 으로, 세밀하게 쪼개기를 하는 것이다. 두루뭉술하게 '공부 잘하는 법' 보 다는 좀 더 구체적으로, 세밀하게, 독자까지도 쪼개서 이렇게 주제를 잡 는 것이 훨씬 더 좋은 방법이다.

'초등 1학년이 한 달 만에 반에서 1등 하는 5가지 방법' 이 더 구체적 이고, 더 좋은 주제다.

책의 주제는 무조건 최대한 구체적이어야 한다. 구체적일수록 작가와 독자 모두에게 좋다. 작가에게는 책을 훨씬 더 빨리, 더 잘 쓸 수 있기 때 문이고, 독자에게는 쉽게 책 내용에 빠져들 수 있게 할 수 있다.

제2단계 _ 목차 작성 최소한의 기술

전체적인 그림 그리기인 구상이 끝났다면, 그다음 단계는 구체적인 그림, 즉 설계도를 그려야 한다. 본문을 쓴다는 것은 층마다 있는 모든 건물과 집기와 가구를 만드는 일이다. 그러므로 본문을 쓰기 전에 먼저 설계도를 완성해야 한다. 그것이 바로 목차 구성 단계다.

목차 구성 시에 조심해야 할 것이 있다. 바로 과유불급이다. 목차에 너무 많은 내용을 다 담으려고 하는 것은 욕심이다. 책 쓰기에 망하는 지름길이다. 50% 이상은 빼야 한다. 그래야 책이 얇아지고 보기 좋아진다.

아이를 위한 최소한의 책 쓰기 2단계를 좀 더 과학적으로 하기 위해 필자는 버니스 매카시 박사의 4MAT 시스템과 사이먼 사이넥의 골든 서클 이론을 종합했다. 이것을 토대로 하여, 3년 1만 권 독서의 내공과 10년 100권 출간의 경험을 덧붙여서 목차 작성법을 만들었다. 그것이 바로 2WIOS다.

2WIOS 목차 작성법은 WHY - WHAT - IF - HOW - CASE의 순서다.

1장은 이유나 동기를 묻는 WHY가 되는 것이 좋다.
2장은 이 책의 주제인 WHAT을 말하는 것이 좋다.
3장은 이 책의 주장대로 하면 어떤 이익과 보상이 있는지, IF를 중심으로 말하는 것이 좋다.
4장은 어떻게 하면 이 책의 주장대로 삶에 적용할 수 있을지에 대한 HOW를 이야기한다.

5장은 실제로 이 책의 주장대로 해서 성공한 CASE를 말하면 좋다.

꼭 이 순서대로 목차를 작성할 필요는 없지만, 어느 정도 독자가 쉽게 이 책의 내용을 인지하고 빠져들 수 있게 해 주는 목차 순서라는 점은 분명하다. 이런 순서일 때 독자들은 큰 신뢰감을 얻게 된다. 그래서 목차 작성 시 중요한 것은 무엇을 말하느냐 하는 것보다 어떤 순서로 말하느냐 하는 것이다.

목차 작성 시 가장 중요한 것은 '백문이 불여일견'이라는 말이다. 한눈에 전체가 보이는 가독성의 중요성을 놓쳐서는 안 된다. 한눈에 목차 전체가 보이게 하는 것이 비결이다.

가독성 높은 목차를 작성하기 위해 어떻게 하면 좋을까? 방법이 있다. 바로 제목을 최대한 간결하게 작성하면 된다. 즉 핵심만 이야기하고, 불필요한 내용, 형용사, 부사는 전부 삭제해야 한다. 독자들은 일관성을 좋아한다. 그래서 일이관지할 수 있는 목차 작성이 생명이고 무기다.

독자들은 가독성을 좋아한다. 그래서 시각적으로 편하고, 무엇보다 한눈에 다 볼 수 있는 목차를 작성해야 한다.

독자들은 독특한 것, 비범한 것, 특별한 것에 열광한다. 그러므로 독특하고 독특한 표현을 사용해야 한다.

목차 작성의 비법 중의 하나는 작가 중심이 아닌 독자 중심으로 목차를 작성하는 것이다. 다른 말로 하면, 작가가 하고 싶은 말을 쓰는 것이 아니라 독자가 듣고 싶어 하는 것을 말해야 한다는 의미다.

목차 작성의 비법 중 하나는 논리적인 목차가 아닌 감성적인 목차를 작성하라는 것이다. 이 말은 정확한 단어가 아닌 심리적인 단어를 사용하라는 의미다.

목차는 세 가지 S가 결정한다. 바로 얼마나 짧은가? 얼마나 정확한가? 얼마나 단순한가? 이다. 즉 SHORT, SHARP, SIMPLE이다.

제3단계_ 서문 작성 최소한의 기술

독자를 사로잡는 서문을 작성하는 데 필요한 것이 있다. 숙달된 작가라면 단어 선정도 능숙해야 한다. 바로 마법의 단어를 사용하는 것이다. '기적' '새로운' '놀랄만한' '혁명적인' '주목할 만한' '마법' 등의 단어를 많이 사용하는 것이 좋다.

서문에서 가장 중요한 부분은 어디일까? 바로 첫 문장이다. 첫 문장을 통해 독자들은 큰 충격을 받기 때문이다. 심지어 출판사도 첫 문장에 많이 좌우된다.

216

서문을 쓸 때 가장 쉽게 범하는 실수는 결론을 뒤에 쓰는 것이다. 하지만 현대적 글쓰기는 달라야 한다. 결론부터 쓰고, 결론을 이야기하고, 결론으로 마무리를 지어야 한다. 이것이 현대적 글쓰기다. 과거에는 서론 본론 결론을 이야기했다면, 지금은 결론, 결론, 결론이어야 한다.

독자의 시간은 많이 짧아졌기 때문이다.

결론부터 써야 하는 또 다른 이유는 강력한 힘을 느끼게 해 준다. 문장은 말하듯이 자연스럽게 써야 한다. 이것이 최고의 기술이다.

서문은 독자에게 보내는 초대장이다. 이 책으로 초대하는 것이다. 서문을 작성할 때 필수적으로 지켜야 할 두 가지 조건이 있다. 하나는 누가 봐도 쉽게 이해할 수 있게 쓰는 것이고, 또 다른 하나는 문장을 짧게, 간결하게 쓰라는 것이다.

서문을 시작하는 대표적인 세 가지 방법이 있다. 첫 번째는 이야기로 시작하는 것이다. 두 번째는 질문으로 시작하는 법이다. 세 번째는 명언으로 시작하는 방법이다.

서문 도입부를 작성할 때 지켜야 할 기본 원칙도 있다. 그것은 바로 '독자의 호기심을 자극하라'는 것이다. 호기심을 자극하지 못한다면 백문이 백해무익이다.

독자를 잡고 끌어당기는 문장을 쓰는 7가지 요소는 참신함, 역설, 유머, 놀라움, 비범함, 흥미로움, 질문이다.

서문을 마무리하는 세 가지 방법이 있다. 첫 번째는 확신으로 마무리하는 것이다. 두 번째는 희망, 기대로 마무리하는 것이다. 세 번째는 사실과 주장으로 마무리하는 것이다.

제4단계_ 본문 집필 최소한의 기술

아이의 책 쓰기 교육을 위한 마지막 단계는 본문 집필이다. 본문 집필을 할 때 자유롭게 하는 것이 가장 중요하다. 즉 매일 많이 하는 것이 중요하다. 그리고 어느 정도 숙달이 되고 습관이 되었다면, 좀 더 구체적인 책 쓰기, 본문 쓰기를 배우고 연습하는 것이 좋다.

처음부터 글쓰기 작법이나 책 쓰기 공식을 배우는 것은 부담감도 문제지만, 스키를 배울 때 초급자에게 최상급자의 기술을 가르치려고 하는 어리석은 행위이다. 글쓰기에도 엄연한 수준의 격차가 개인마다 존재한다.

처음에는 프리 라이팅으로 본문을 쓰는 것을 추천한다. 그렇게 쓰다 보면 아이 스스로 좀 더 갈급함이 생기게 된다. 그때 글쓰기 작법과 아래의 글쓰기 공식을 알려 주는 것이 좋다.

본문 집필은 책 쓰기에서 배워야 할 최고 단계의 기술이며, 이것은 아이나 어른이나 다를 바가 없다.

아이의 수준에 맞게 프리 라이팅을 하게 한 후 그것을 충분히 할 수 있는 아이로 프리 라이팅만으로도 책을 써도 무방하다. 필자도 역시 프리 라이팅으로 쓴 책들이 대부분이다.

그런데도 이런 글쓰기 공식을 만들고 제시하는 이유는 글을 쓰는 사람마다, 아이마다 취향이 다르기 때문이기도 하지만, 책 쓰기를 한 번도 해 보지 않았던 이들은 무엇을 어떻게 써야 하는지 막막하게 생각하기 때문이다. 그런 이들에게 이런 글쓰기 공식과 문장 작법은 큰 도움이 되기 때문이다.

책 쓰기를 처음 하는 이들은 이런 공식을 좋아하기 때문이고, 이런 글쓰기 공식이 필요하기 때문이다.

일반적으로 글쓰기 작법에 통용되는 공식이 있다. 그것은 좋은 글쓰기는 세 가지에 답하는 것이다. 그 세 가지는 첫째, 무엇을, 둘째, 어떻게, 셋째 무엇을 제안할 것인가에 대한 답을 하는 것이다. 이 세 가지에 답을 하다 보면 하나의 단락이 만들어지기 때문이다.

일반 책을 보면 본문의 문장 전개에 대표적인 8가지 유형이 있다. 많은 책의 본문을 읽고 분석한 결과 아래와 같은 유형을 쉽게 접할 수 있다. 이것을 아는 사람은 본문 쓰기가 훨씬 더 쉬워질 것이다.

첫 번째는 현상을 제시하고 그것에 대한 원인을 설명하고, 해결책을 말하는 것이다.

두 번째는 질문하고, 그것에 대답하고, 자신의 주장을 하는 유형이다.

세 번째는 스토리를 이야기하고, 분석하고, 자신의 주장을 마지막으로 말하는 유형이다.

네 번째는 개인적 경험을 이야기하고, 분석하고, 끝으로 자신의 주장을 펼치는 것이다.

다섯 번째는 역사적 사실을 말하고, 분석하고 자신의 주장을 말하는 것이다.

여섯 번째는 연구 결과를 이야기하고, 분석하고, 자신의 주장을 펼치는 글쓰기다.

일곱 번째는 신문 기사나 뉴스를 이야기하고, 분석하고, 주장이나 제안을 하는 것이다.

여덟 번째는 비판하고, 그 이유를 말하고, 뒷받침할 수 있는 근거를 제시하는 것이다.

물론 본문의 유형은 수도 없이 많다. 위의 것은 대표적인 유형을 이야기하는 것이다. 총균쇠의 재러드 다이아몬드 교수는 항상 질문하고 그것에 대해 답변을 하면서, 근거와 이유를 제시하고, 결론을 주장하는 유형의 본문 쓰기를 좋아했다.

수많은 본문 내용과 유형이 있지만, 독자를 쉽게 설득하는 설득력이
뛰어난 본문에는 5가지 요소가 반드시 포함되어 있다는 것을 발견했다.

설득력 있는 본문에는 5가지 요소가 반드시 들어가야 하고, 그 요소가
이 순서대로 배열되어야 한다. 설득력 있는 본문의 필요 충분 조건이 드
디어 완성되면 바로 이런 모습이다.

첫 번째, 핵심 메시지, 결론을 먼저 주장한다.
두 번째. 그 주장에 이유와 근거를 제시한다.
세 번째. 사례를 증명한다.
네 번째. 솔루션을 제공해야 한다.
다섯 번째. 핵심을 거듭 주장하면서 더불어 강력한 제안을 한다.

이것을 알기 쉽게 도식화하면 이런 모습이다.

기억하자. 본문을 쓰고 책을 쓴다는 것은 독자를 설득한다는 것을 의
미한다. 그렇다면 설득에 대한 통찰력을 우리에게 알려 준 로마 시대의
정치가이자 웅변가였던 키케로의 이 말을 기억할 필요가 있다.

"당신이 나를 설득하고자 한다면 당신은 반드시 내 생각을 생각하고,

내 느낌을 느끼고, 나의 말을 말해야 한다."

이 모든 것을 종합하여 글을 설득력 있게 쓰는 사람이 되도록 도와주는 글쓰기 공식, 글쓰기 맵을 만들었다. 칼리지 라이팅 맵이다. 간단하다.

스텝 1. (메시지) 제시
스텝 2. (근거)와 (이유) 제시
스텝 3. (사례) 증명
스텝 4. (방법) 제시
스텝 5. (제안)과 (주장).

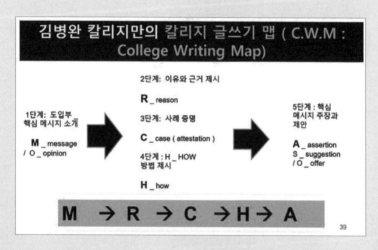

다른 모습으로 도식화하면 훨씬 더 이해가 쉬울 것이다.

이 공식으로 본문을 집필하면 훨씬 더 설득력 있는 본문을 집필할 수 있을 것이다.

여기까지만 해도 책 쓰기의 최소한의 기술을 다 배운 것이다. 이후부터 이야기하는 것은 정말 쉽게 따라 하기 힘든 기술이며, 별로 효용 가치가 없는 기술일지도 모른다. 그런데도 이 기술을 통해 도움을 얻는 저자들이 있다는 사실도 무시할 수 없다.

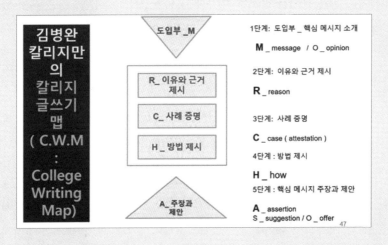

본문을 쓸 때 필요한 몇 가지 전략을 이야기하자면, 첫 문장의 전략이다.

첫 문장의 가장 중요한 전략은 호기심을 유발해야 한다. 첫 문장에서 독자의 호기심을 유발하지 못하면, 두 번째 문장이 읽힐 확률은 급격하게 떨어지기 때문이다.

본문 쓰기에도 전략이 필요하다. 누구에게? 초심자에게 말이다. 책을 많이 써 본 사람은 이런 것이 없이도 본문을 잘 쓴다. 하지만 유독 힘들 어하는 저자들이 있다. 특히 본문을 아무리 써도 책 한 권 분량이 되지 않는다고 하소연하는 수강생들을 위한 본문 쓰기 팁과 같은 전략이다.

이런 수강생들을 위해서 만든 본문 쓰기 전략이다. 책 한 권 집필하는 방법은 '문장방적술'이다. 필자는 이것을 'SECCT'라고 부른다. 한 권의 책에는 작은 목차들이 모두 20개에서 30개 정도 된다. 더 많은 책도 있 고, 적은 책도 있지만, 평균적으로 보면 그렇다.

그 소목차를 하나의 중심 주제로 삼고, 그 주제에 대한 STORY, EVIDENCE, CASE, CONCLUSION, THOUGHT를 독립적으로 뽑 아서 본문을 쓰고, 그것을 이어서 놓으면 된다.

책 한 권 쓰는 것이 그렇게 어렵지 않다. 여기에 동양 고전이나 서양 고전의 이야기도 뽑아서 쓰면 본문 분량이 급격하게 늘어난다. 여기에 영화나 책 이야기도 담아도 되고, 신문 기사나 뉴스거리도 넣으면 좋다.

이렇게 문장방적술을 이용하면 책 한 권 분량을 쉽게 쓸 수 있다. 도움 이 된다고 하는 수강생이 많았다. 아마 책 쓰는 아이들에게도 큰 도움이 될 수 있겠다는 생각이 든다.

본문을 다 쓰고 나서, 아니면 쓰면서 우리는 아이들의 본문을 평가해 주고 지도를 해 줄 필요는 있다. 그렇다면 좋은 본문과 나쁜 본문의 평가 기준은 무엇일까?

부모들이 절대 해서는 안 되는 것이 있다. 바로 문장력에 대한 평가다. 부모들이 아이들의 책 쓰기에서 평가해야 하는 것은 문장을 얼마나 잘 썼느냐가 아니다. 평가 기준은 오로지 독자여야 한다. 즉 부모가 선생이 되어 평가하지 말라는 것이다. 좋은 독자가 되어, 독자의 관점에서 본문이 독자를 자극하고 독자를 움직이게 하고 독자를 만족시켜 주는가를 평가해야 한다.

독자로서 부모가 아이의 책을 읽었을 때 호기심을 느끼고 자극을 받게 된다면, 그 본문은 더할 나위 없이 좋은 본문이다. 본문 평가의 기준은 철저하게 독자여야 하기 때문이다.

부록 2

• • •

대한민국 넘버원 책 쓰기 학교
김병완칼리지의 문장 쓰기 십계명
(최소한의 문장 쓰기 방법)

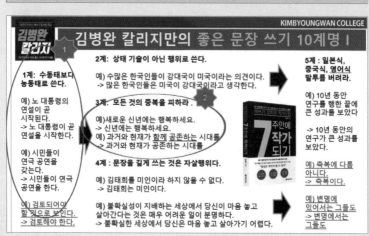

슬라이드 1

KIMBYOUNGWAN COLLEGE

김병완 칼리지만의 문장 쓰기 10 계명 _ II

7계: 명사보다는 형용사, 형용사보다는 부사다.

6계: 이음말(접속어)는 최대한 생략한다. 그래야 리듬감이 생긴다.

예)곧/즉/이를테면/
예컨대/다시
말하면/왜냐하면

예)발걸음이 무겁다.
왜냐하면 친구와
다투었기 때문이다.

→ 발걸음이 무겁다.
친구와 다투었기
때문이다.

예) 교사들은 학생들의 안전을 위해 철저한 검토를 요구했다. → 교사들은 학생들의 안전을 위해 철저하게 조사할 것을 요구했다.

8계:그럼에도! 접속사, 부사, 형용사는 우리의 적이다.

예) 그리고 우리 일행은 학교로 갔다. 그랬더니 학교에 학생들이 많았다. 그리고 그 때 마침 선생님께서 오셨다.
→ 우리 일행은 학교로 갔다. 학생들이 많았다. 그 때 마침 선생님께서 오셨다.

9계: 서술부든 무엇을 쓰든 간결하게 써라. 그래야 읽힌다.

예) 대통령이라고 할 수 있을 것인가 하는 의심이 든다.→ 대통령이라고 할 수 없다.

예) 책을 쓴다는 것은 즐거운 것이다.
→ 책 쓰기는 즐거운 일이다.

10계 : 문장을 입체적인 능동형으로 만들어라.

예) 자격증이 주어진 회원에게는 각종 혜택이 주어집니다.

-> 자격증을 받은 회원은 각종 혜택을 받습니다.

예) 회사에 의하여 결정되어진 규정에 의해서 실시됩니다.

-> 회사가 결정한 규정대로 실시합니다.

대한민국 넘버원 책쓰기학교 김병완 칼리지   7년 500명작가배출   네이버카페:김병완칼리지 , 유튜브: 김병완TV , 전화: 010-3920-6036

슬라이드 2

KIMBYOUNGWAN COLLEGE

10계명 중 가장 중요한 계명

1계명:수동태가 아닌 능동태로 쓰라.

대통령의 연설이 곧 시작된다

→

6

10계명 중 가장 중요한 계명

1계명:수동태가 아닌 능동태로 쓰라.

대통령의 <u>연설이 곧 시작된다</u>

→ 대통령이 곧 <u>연설을 시작한다</u>.

7

10계명 중 가장 중요한 계명

3계명: 모든 것의 중복을 피하라.

간단이 요약하면 독서는 반드시 필요한

것이다. →

8

228

10계명 중 가장 중요한 계명

3 계명: 모든 것의 중복을 피하라.

간단이 요약하면 독서는 반드시 필요한

것이다.

→ 요약하면 독서는 필요한 것이다.

9

10계명 중 가장 중요한 계명

6계명:접속어를 최대한 생략한다.

발걸음이 무겁다. 왜냐하면 친구와 다투었기
때문이다.

→

10

10계명 중 가장 중요한 계명

6계명:접속어를 최대한 생략한다.

발걸음이 무겁다. <u>왜냐하면</u> 친구와 다투었기 때문이다.

→ 발걸음이 무겁다. 친구와 다투었다.

11

10계명 중 가장 중요한 계명

9계명:무엇을 쓰든 간결하게 쓰라.

책을 쓴다는 것은 즐거운 것이다.
→

12

230

10계명 중 가장 중요한 계명

9계명:무엇을 쓰든 간결하게 쓰라.

책을 쓴다는 것은 즐거운 것이다.

→ 책쓰기는 즐거운 일이다.

13

문 장 쓰 기 _ 실제 사례

14

문장 쓰기의 실제 사례

최종 점검

고수가 될 수 있는 가능성이 얼마나 되는 걸까?

→

15

문장 쓰기의 실제 사례

고수가 <u>될 수 있는 가능성</u>이 얼마나 되는 걸까?

→ 고수가 <u>될 가능성</u>이 얼마나 되는 걸까?

16

문장 쓰기의 실제 사례

최종
점검

당신이 느낄 수 있었던 불안은
사건의 중대성 때문이다.

→

17

문장 쓰기의 실제 사례

당신이 <u>느낄 수 있었던 불안</u>은
사건의 중대성 때문이다.

→ 당신이 <u>느낀</u> 불안은 사건의
중대성 때문이다.

18

문장 쓰기의 실제 사례

세상으로부터 단절되어 있는 부쪽
국가들

→

19

문장 쓰기의 실제 사례

세상으로부터 단절되어 있는 부쪽
국가들

→ 세상과 단절된 부쪽국가들

20

초등 5학년 공부, 책 쓰기가 전부다

초판 인쇄 2021년 2월 1일
초판 발행 2021년 2월 8일
지은이 김병완
발행인 (주)플랫폼연구소
출판등록 제 2020-000075 호
전화 010-3920-6036 / 02-556-6036
팩스 050-4227-6427
이메일 pflab2020@naver.com
주소 서울특별시 강남구 역삼로 220 홍성빌딩 1층
ISBN 979-11-91396-01-0 (03000)